# 昭和の日本のすまい

## 西山夘三写真アーカイブズから

編集
NPO 西山夘三記念すまい・まちづくり文庫
編集代表 松本 滋

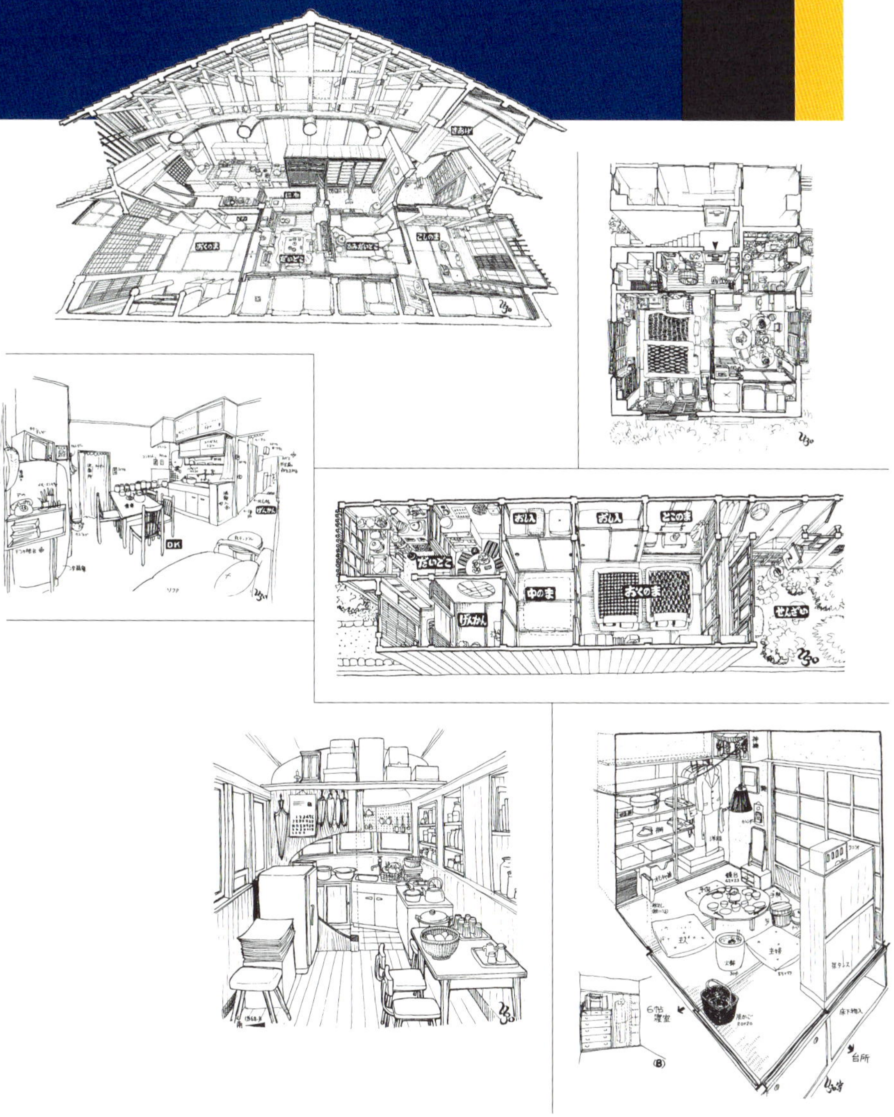

創元社

装幀 倉本 修　　組版 はあどわあく

これは
生涯をかけて日本のすまいに取り組み続けた建築学者
西山夘三がファインダーとスケッチブックを通して見た
昭和の日本のすまいとまちの
映像の一部である

## ◆西山夘三について

西山夘三（にしやま・うぞう、明治44年－平成６年［1911-1994］）は、昭和の日本を代表する建築・住宅学者である。その83年の生涯はほぼ昭和の時代と重なっている。京都帝国大学卒業後から京都大学教授を経て生涯を閉じるまで、建築学者としてのその学問的業績は多くの著書・論文にまとめられているが、それは有名な「食寝分離論」などの住宅計画学にとどまらず、日本国民の生活空間である住宅からまち、国土の科学的計画論へと広がる膨大なものである。

さらに、西山は単なる「学者」の枠を超えた人物でもあった。建築家であり、画家であり、漫画家であり、写真家、小説家、エッセイスト、そして建築運動家、市民運動家であった。そして何よりも、自らの生きた時代を、映像、スケッチ、文章、現物によって記録し保存し続けた記録家であった。

# 目　次

## ■戦前 編　昭和10〜19年

京都の町並み　008
大阪の町並み　011
大阪の町家　012
大阪の長屋　014
京町家　017
各地の町家　020
東京の町並み　023
東京の住宅　025
東京・同潤会の住宅　028
東京・同潤会の鉄筋アパート　029
戦前の不良住宅地区　030
戦前の不良住宅地区改良　032
戦前の子どもたち　033
国民住宅と住宅営団　034
住宅営団の最小限実験住宅　036

## ■戦後の絶対的住宅難 編　昭和20〜30年

焼け跡とバラック住宅　040
原爆砂漠のバラック住宅と原爆ドーム　044
大阪府の応急復興住宅キット展示場　046
神戸の応急復興住宅　047
転用住宅——建物編　048
転用住宅——建物編 兵舎・寮　050
転用住宅——建物編 引揚者定着寮　052
転用住宅——乗り物編 列車住宅　053
転用住宅——乗り物編 バス住宅　054
転用住宅——乗り物編 電車住宅　056
神戸の復興住宅　058
東京の復興住宅　059
デペンデントハウス（進駐軍家族住宅）　060
開拓村　062
戦後の災害と仮設住宅　064

## ■復興・近代化 編　昭和25〜34年

炭鉱住宅——北海道　068
炭鉱住宅——九州　072
炭鉱住宅——軍艦島　074
社宅　078
公営住宅　084
大阪の公営住宅アパート　087
戦後の不良住宅　090
京都の不良住宅　094
改良住宅　097
船ずまい　098

島のすまい　099
戦後の阪神間の住宅　101
農家改善　104
鳥取農村調査と農家改善　106
農家改善モデル住宅　107
漁村住宅改善　108
昭和30年頃の街並み 北海道　109
昭和30年頃の街並み 東北　112
昭和30年頃の街並み 北陸　113
昭和30年頃の街並み 関東　115
昭和30年頃の街並み 中部　117
昭和30年頃の街並み 近畿　118
昭和30年頃の街並み 中国　122
昭和30年頃の街並み 四国　125
昭和30年頃の街並み 九州　128
昭和30年頃の農村風景 東北・北陸　130
昭和30年頃の農村風景 近畿　132
昭和30年頃の農村風景 中国　134
昭和30年頃の農村風景 四国　136
昭和30年頃の農村風景 九州　138

## ■高度成長の光と陰 編　昭和35年〜

木賃住宅・文化住宅　142
郊外スプロール・建売り住宅　148
郊外分譲宅地　153
計画的住宅団地・ニュータウン　154
ニュータウン　157
DKとモダンリビング　160
マンション　162
マンションの発展　164
高層住宅　165
プレハブ住宅　166
ドヤ　167
番屋・飯場　168
学生のすまい　169
高度成長期の子どもたち　170
農村住宅その後　172
市電のある京都の街並み　174

付録　時代を映す画像集　175

「西山夘三写真アーカイブズ」の生まれるまで　183
西山夘三　年譜　186
西山夘三の主な著作　187

# 戦前 編

## 昭和10～19年
## (1935～1944)

昭和10年の京都の町並み　河原町三条から東山を望む

■京都の町並み　昭和10年

西山がカメラを手にして最初に撮影したのは彼が大学院生であった京都帝国大学建築学教室の屋上からの風景であった。その次がこの河原町三条の朝日ビルの屋上から京都の町並みを俯瞰（ふかん）した写真であった。

二階建ての町家の海にわずかなビルが島のように浮いていた。風呂屋の煙突が針山のように突き出ていた。

平安の都としての京都は応仁の乱と維新戦争によってほぼ焼失していたが、明治以降に形成されたこのような町並みが近代都市としての京都の原風景であったのである。

その後、第二次世界大戦時の空襲による壊滅的破壊を免れたものの、高度経済成長期以降「開発」という名の「まちこわし」が京都の景観をなし崩し的に変えていくことになる。

西山は後年、京都の町並み・景観を守る運動に取り組み、亡くなる直前まで市民運動の先頭にたった。そしてこの写真のような広大な地域を包括する大景観と、日常目前にある限定された視野の小景観を区別し、特に破壊の進む大景観を守ることの重要性を指摘した。

そのなかで西山の脳裏に焼きついていたのは、このような風景であったに違いない。

左から、河原町通り、京都ホテル、北山連峰、鴨川、比叡山、大文字山、東山連峰を望む。

河原町三条から北東を望む　昭和10年

# ■京都の町並み　昭和10年

1

京町家は表通りに接しており、表通りから見ると緑は少なかったが、町屋の裏には坪庭（つぼにわ）や裏庭があり、上から見ると案外緑が多い。

2

1, 2：河原町三条から　昭和10年

# ■大阪の町並み　昭和10年

1

2

京都に比べると大通りにはビルが多い。それでも大阪の町並みを構成していたのはほとんど木造二階建ての町家や長屋であった。
当時このいらかの下に暮らしていた市民は夢にも思わなかっただろうが、これらは10年後には空襲によって灰燼（かいじん）に帰してしまう。米軍爆撃機からは積み重ねたタキギに見えたのであろう。
今では見ることのできないありし日の大阪の姿である。

1：堂島周辺から梅田方面　昭和10年
2：西区の町並み　昭和10年

# ■大阪の町屋　昭和10年

1

大阪は水の都である。道路にも自動車は少なく、物資の輸送の多くは町じゅうにはりめぐらされた運河の水運によっていた。町家も表は道路に、裏は運河に開いていた。
末端物流の主役は自転車であった。菓子屋の店先には丁稚（でっち）が配達に使う自転車のスタンドがちゃんと用意してある。

2

1：西区の川筋の町家　昭和10年
2：問屋橋筋の商家　昭和10年

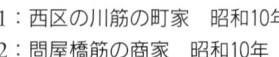

3

産業都市として大阪が発展するにつれ、埋め立てなどにより市街地が拡大していった。
それらは中流階層の居住地としての郊外というよりも、市街地があふれ出した場末（ばすえ）、新開地といったものであった。

4

3：西区の電車道の町家　昭和10年
4：大正区の区画整理による新開地　昭和10年

# ■大阪の長屋　昭和10・11年

1

大阪の都市住宅の主役は長屋であった。
多くは二階建ての借家で、低質なものから門・玄関つきの高級なものまでさまざまな長屋が供給された。こうした点はイギリスの長屋であるテラスハウスとよく似ている。
間口の節約のため、京町家と違って「とおり庭」はなく、台所が前面に出る「前台所型」が多い。玄関横におヒツやマナ板が干されている。

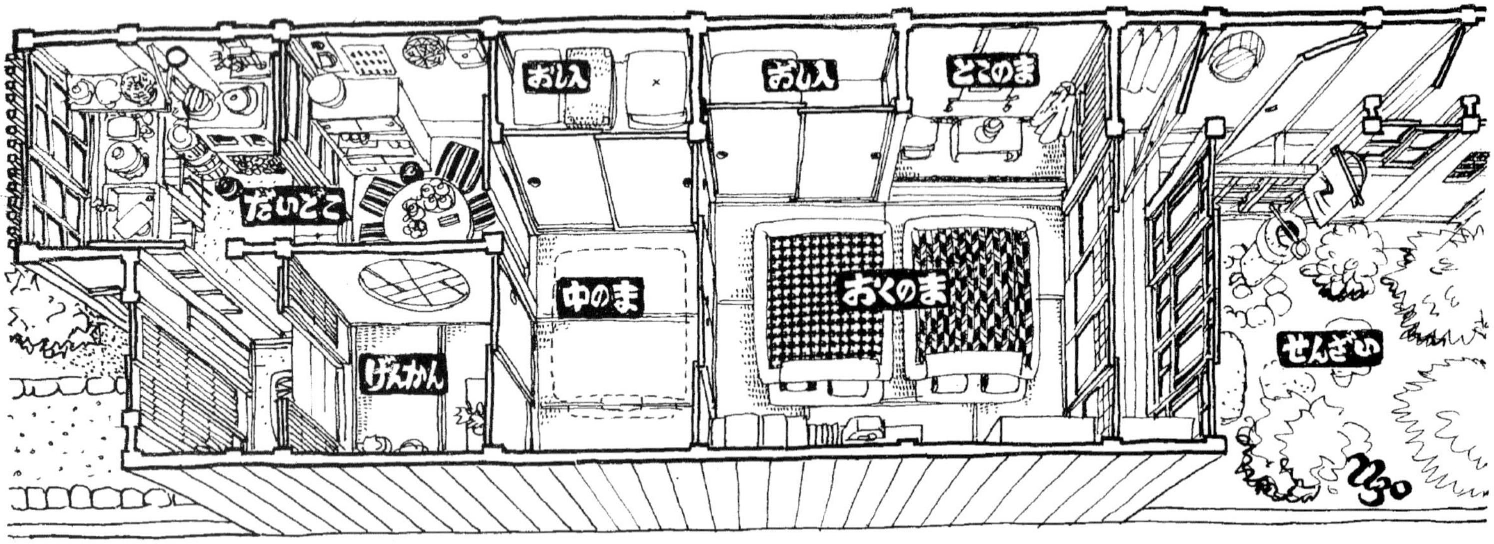


2

1：大正区の長屋　台所の煙突が並ぶ　昭和10年
2：大阪の前台所型長屋の鳥瞰図　西山画

3：東野田の長大な長屋　昭和11年
4：住吉区加賀屋の前台所型長屋　昭和10年
5：帝塚山の洋風長屋　昭和11年

3

4

5

# ■大阪の長屋　昭和11・12年

1

大阪の長屋は間口が狭く、とおり庭がないので、家の裏の便所の汲み取りのため、長屋の裏には汲み取り通路が用意されていた。汲み取り屋さんは天秤棒（てんびんぼう）に桶をぶら下げてここを通るのである。それは廃棄物ではなく肥料の原料として大切にリサイクルされていた。

2

3

庶民の長屋の並ぶ路地は、大切な生活空間であり、コミュニケーションの場であった。狭い住居からさまざまなものがはみ出し、物干し場であり、子どもの遊び場であり、行商がやってくれば商業空間でもあった。

1：西九条　長屋の裏は汲み取り通路　　昭和11年
2, 3：築港の新興借家街の長屋　昭和12年

# 京町屋　昭和11年

1

京町家は長い歴史の中で培われた都市住宅としての町家の原型である。表の街路に面する間口が制限されるため驚くほど奥行きの深いウナギの寝床となっていて、台所などの水まわりや通路を兼ねる土間を持つ「とおり庭型」である。
ウダツ、ベンガラ塗りの格子窓、漆喰（しっくい）塗りの虫籠窓（むしこまど）、天窓、ばったり床几（しょうぎ）、とおり庭、坪庭、箱階段、季節による設（しつら）いの変化など町家を特徴づけるさまざまな生活の知恵の集大成でもあった。

1：西陣の町家　昭和11年
2：京町家の鳥瞰図　西山画

2
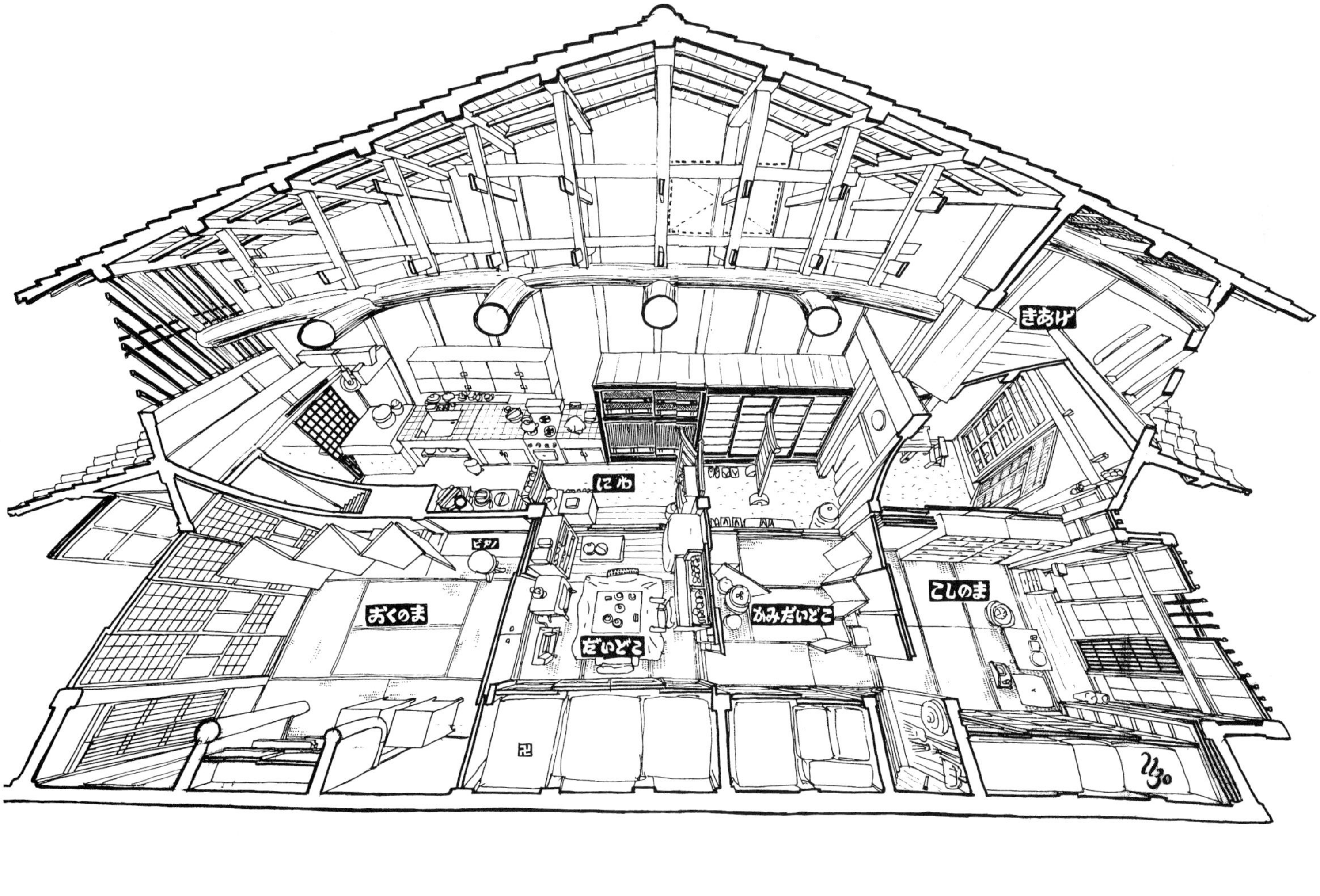

# ■京町屋　昭和11年

京町家を特徴づけるのが、表から裏まですまいを貫く土間の「とおり庭」である。

すべての動線が集中する通路であり、表側は客を招き入れる玄関であり、奥は火や水を使う台所であり、裏庭まで通じている。裏の便所への汲み取り通路としても利用された。開口部の少ない町家にとっては、通風と採光、排煙のための貴重な環境装置でもあった。そのためとおり庭には天井が張られず、町家を構成する梁（はり）が重厚な構成美を見せていた。

1

2

3

4

1, 2：五条通りの町家のとおり庭　昭和11年
3：西陣の町家のとおり庭　昭和11年
4：町家のとおり庭　西山画

# ■各地の町屋　昭和10～14年

1

京町家を原型としながらも、地方にはその地方独特の町家が街道筋などに発達していた。地元の風土と材料によって歴史の中で培われた独特の建築文化が地元の大工の徒弟制によって受け継がれていた。
ここで取り上げた町家はすべて平入り（屋根の棟が通りに平行）であるが妻入り（屋根の棟が通りと直角）町家の地方もある。

2

3

1：奈良市法蓮町の茅葺(かやぶ)き町家　昭和14年
2：滋賀県土山　昭和11年
3：滋賀県近江八幡　昭和10年

4

5

6

4：長野県木曽薮原　昭和12年
5：岐阜県飛騨高山　昭和10年
6：名古屋市白壁町　昭和10年

# ■各地の町屋　昭和10年

1

都市住宅の流れからでなく、茅葺き入母屋（いりもや）屋根の農家住宅が町家化した地方もあった。
元は農家であったものを町家に改造したものなのか、当初から町家としてつくられたが、地元の大工が農家住宅のつくり方しか知らなかったのかは不明。おそらくは両方であろう。

2

1, 2：名古屋市呼続の農家型町家　昭和10年

# ■東京の町並み　昭和12年

1

東京帝室博物館（現東京国立博物館本館）は、国粋主義の台頭とともにインターナショナル建築を排し日本的建築を求める動きの中で、建築界を二分した「帝冠建築論争」の原因となったコンペの結果、渡辺仁の「帝冠様式」（洋式のビルに和風の屋根を載せた建築）の設計で、昭和13年に開館した。

2

3

1：東京駅前　昭和12年
2：上野の東京帝室博物館工事中　昭和12年
3：慶応幼稚舎周辺　昭和12年

# ■東京の町並み　昭和12年

1

2

3

1, 2, 3：東京、本郷の町並み　昭和12年

# 東京の住宅　昭和16年

1

2

東京は、江戸時代に武士の割合が多かったため、塀、門、玄関構えなどを備えた武家住宅の流れをくむ住宅が多く、関西と比べると庶民住宅でも長屋の割合が比較的少ない。関東大震災の大火後も、ほとんどこのような木造住宅の市街地が広がっていた。この写真の４年後には東京大空襲があり、再び東京は灰燼と帰すのである。

1：大田区蒲田の住宅街　昭和16年
2：江東区砂町の長屋　昭和16年

## ■東京の住宅　昭和12・16年

1

2

3

4

発展を続ける東京は、埋立地に郊外にと拡大していった。板塀に門構えの戸建て住宅も長屋も、街路の舗装も排水路の整備のないまま市街地が広がっていた。

5

1, 2：芝浦の新開地の長屋街　昭和12年
3, 4, 5：板橋の住宅街　昭和16年

# ■東京・同潤会の住宅　昭和16年

1

2

3

4

関東大震災の復興住宅建設のため、集められた義援金によって日本で最初の国家的住宅供給機関として生まれた同潤会（どうじゅんかい）は、東京各地に、仮設住宅、木造復興住宅を建設した。こうした公的住宅供給の流れは、その後の住宅営団、住宅公団に引き継がれていくことになる。

1, 2, 3：江東区南砂町　昭和16年
4：同潤会の木造住宅　西山画

# 東京・同潤会の鉄筋アパート　昭和17年

1

2

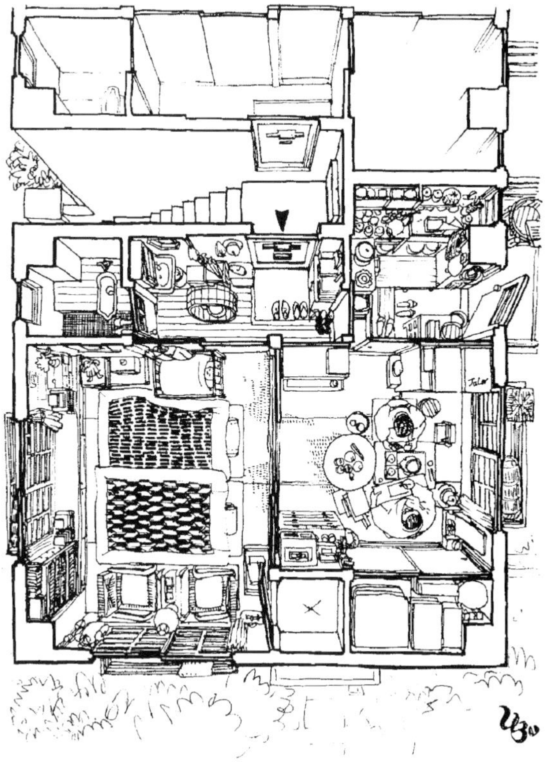
3

4

同潤会は震災大火の教訓から都市不燃化を目的として、当時としては画期的な鉄筋コンクリートアパートの団地も青山や代官山などに建設した。単にアパートが集まった団地であるというだけでなく、さまざまな共同施設を備えた先進的なものであった。

代官山アパートには、当時住宅営団に勤めていた西山が家族で住んでいた。２Ｋの狭いアパートだが、その様子は著書『住み方の記』に詳しく描かれている。

1：渋谷区同潤会代官山アパート　昭和17年
2：同潤会代官山アパートの戦後の様子
3：代官山アパート西山自宅鳥瞰図　西山画
4：代官山アパート茶の間の西山夫妻　昭和17年

# ■戦前の不良住宅地区　昭和11年

1

都市の発展と同時に大都市の場末に不良住宅地区が形成された。日本の植民地とされた朝鮮半島から動員された多くの労働者も悲惨な住環境に押し込められた。水道も屋内にはなく共同水場であったし、便所も共用で地面に掘り込んだカメを板で囲んだだけのものであった。

1：大阪市　昭和11年
2, 3：名古屋市　昭和11年

2

3

4

埋立地などの空き地に廃材を集めてバラック街が出現した。
調査した西山は、手作りバラックの劣悪さにくらべて、室内が予想以上に清潔に整頓されていることに驚いている。

4：大阪府貝塚の朝鮮の人びとの集落　昭和11年
5, 6, 7：大阪市大正区の朝鮮の人びとの集落　昭和11年

5

6

7

# ■戦前の不良住宅地区改良 昭和10・11年

1

朝鮮からの労働者は危険な炭鉱や工事現場、軍需工場や町工場などで労働の底辺を支えていた。そのため自治体も劣悪な住環境を放置しておくわけにはいかず、不十分ながら改良に取り組んだ例もあった。ただし、その造りはきわめてお粗末なものであった。

2

3

1：大阪市大正区　大阪府営の朝鮮の人向け住宅　昭和10年
2, 3：大阪府岸和田市営の朝鮮の人向け住宅　昭和11年

# ■戦前の子どもたち　昭和10年代

# ■国民住宅と住宅営団　昭和17年

「国民住宅」とは当初は大東亜共栄圏の盟主たる日本の国民にふさわしい住宅をめざすものであった。当時は「国民服」「国民学校」「国民歌謡」など何でも「国民」がつけられた時代であったのである。
実際は戦争が進むと「欲しがりません勝つまでは」のスローガンに象徴されるような戦時耐乏生活の住宅を意味するようになり、その水準はどんどん切り詰められていった。
さらに、大都市から地方に疎開していく軍需工場の労働者の住宅が大量に必要になり、日米開戦の昭和16年にその住宅供給を担当する国家機関として住宅営団が設立された。
西山も住宅営団研究部の技術者として、住宅の大量建設に必要な食寝分離論による標準設計、建設組織の立案に取り組んだが、その意図に反して居住水準がどんどん切り詰められる状況となり、営団を去り、京都大学に戻る。
なお、食寝分離論とは昭和17年に西山が論文発表した住宅計画の基本原理である。

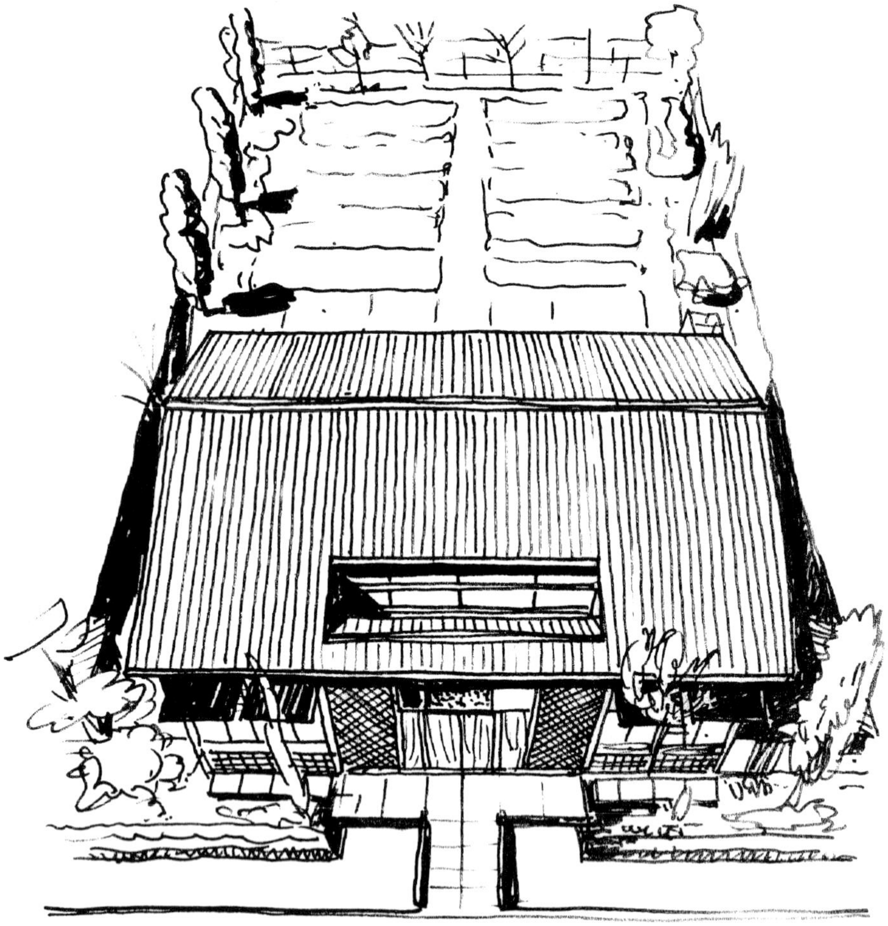
1

2

3

1：建築学会国民住宅コンペ入選の伊藤案　昭和16年　西山画
2, 3, 4：東京の住宅営団御花茶屋団地実験住宅　昭和17年

5：御花茶屋団地実験住宅４号住み方調査　西山画
6：茶の間の住み方想定図　西山画

4

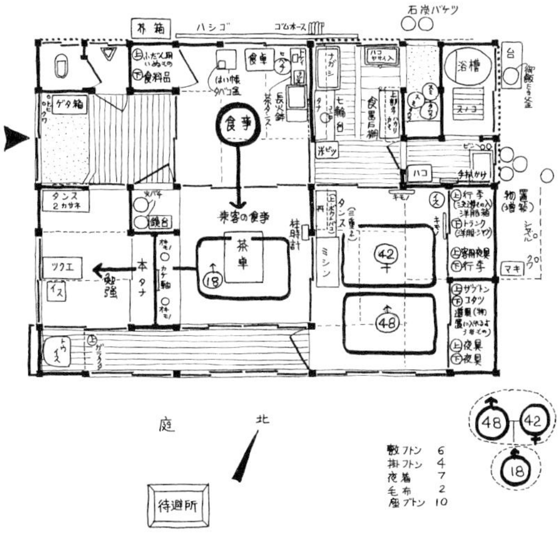


5

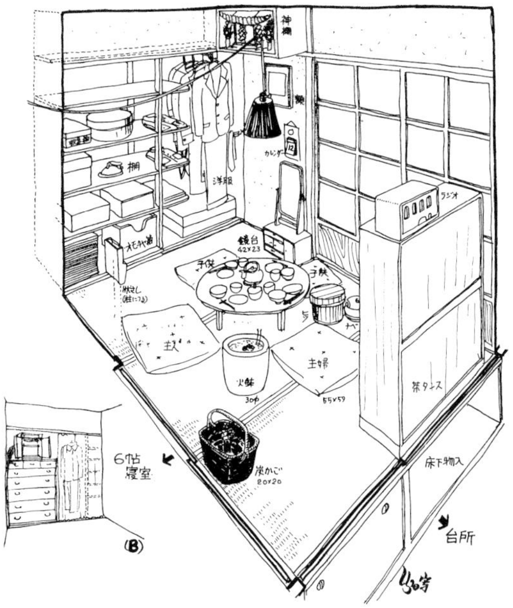


6

住宅営団は、東京の御花茶屋団地（同潤会の職工向け分譲住宅地）の空き地に11戸のさまざまな実験住宅を建設した。西山も居住実験の意味もあって入居を考えたが、慣れぬ東京生活に苦労していた夫人に強く反対され、断念している。

営団の御花茶屋実験住宅が建てられたのはまだ戦争初期であり、比較的ゆとりのある戸建て分譲住宅であった。それでも庭先には防空壕が用意されている。西山は営団技師としてその住み方調査をしている。

しかし、住宅水準はどんどん切り詰められ、末期にはこうした余裕はなくなり、営団住宅も３畳と６畳や３畳と4.5畳といった二間だけのものが主流となっていった。６の図は、茶の間に必要なものが３畳に詰めこめるか、営団で図上シミュレーションしたものである。

# ■住宅営団の最小限実験住宅　昭和16年

1

住宅営団では、最低限の住宅を短期に大量建設するため大小さまざまな木造パネル住宅（今日のプレハブ住宅にあたる）の実験を行なった。建材の規格化・工場生産などの工夫が見られるが、住宅の質は仮設住宅の域を出ないものであった。
戦局が逼迫するにつれて建設は進まず、逆に防空のため事前に住宅を破壊する強制疎開や空襲によって住宅はどんどん失われていった。

2

1, 2, 3, 4, 5, 6：東京厚生省前庭で実験住宅組み立て　昭和16年
7：木造パネル住宅構成図　西山画

3

4

基礎の一部以外はほとんど木製。基礎も現場打ちでは能率が悪いので型枠で大量生産しておいて現場で組み立てられる工夫がされている。
その質はともかく、建材部品の大量生産という考え方は工業化住宅、プレハブ住宅のさきがけであった。

5

6

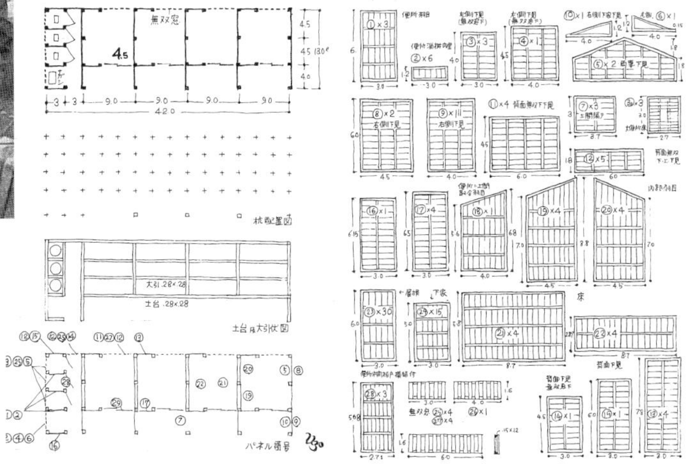

7

# 戦後の絶対的住宅難 編

## 昭和20〜30年
## (1945〜1955)

昭和20年の神戸市内の焼け跡

# ■焼け跡とバラック住宅　昭和20年

1

昭和20年に戦争が終わったとき、空襲による被害や強制疎開などによって、都市の住宅の多くは失われており、住宅不足が深刻であった。米軍は軍事施設だけでなく非戦闘員の住宅を含む都市全体を焼夷弾（しょういだん）で焼きつくす焦土作戦をとった。全国の約120都市が壊滅的な被害を受け、全国で420万戸の住宅が不足していた。

とにかく雨風をしのいで体を横たえられるねぐらだけでも、というところから戦後は始まった。

1：大阪市内焼け跡　昭和20年

2, 3：神戸市内焼け跡とバラック　昭和20年

2

作家、野坂昭如が痛恨の思いをこめた『火垂るの墓』で描いた神戸の焼け跡の実際の光景はこれであった。
神戸の高齢者は平成７年の阪神淡路大震災によって再びこの焼け跡と同じ光景に遭遇することになる。そして戦災と震災と二度被災した人も少なくなかった。

3

# ■焼け跡とバラック住宅　昭和20〜26年

1

焼け跡の廃材をひろい集めてバラックがつくられた。戦後５年たっても焼け跡バラックの暮らしから抜け出すのは容易ではなく、まだまだこうした光景が珍しくなかった。

2

1, 2：神戸市内焼け跡バラック　昭和20年
3：鹿児島県鹿屋の三角バラック　昭和26年
4：広島の焼け跡スラム　昭和25年頃
5：新潟の焼け跡スラム　昭和25年頃

3

4

5

# 原爆砂漠のバラック住宅と原爆ドーム　昭和27年

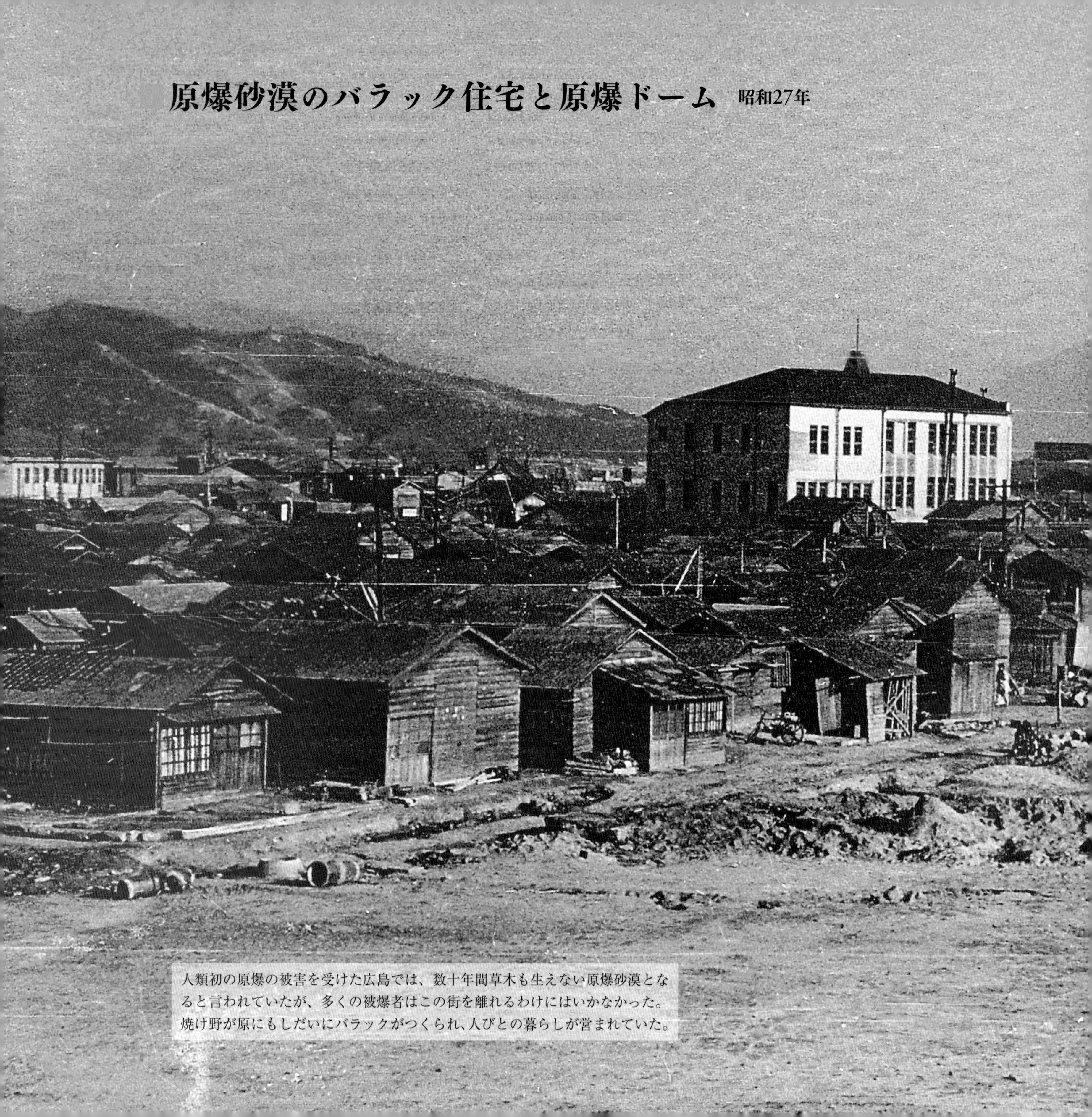

人類初の原爆の被害を受けた広島では、数十年間草木も生えない原爆砂漠となると言われていたが、多くの被爆者はこの街を離れるわけにはいかなかった。焼け野が原にもしだいにバラックがつくられ、人びとの暮らしが営まれていた。

# ■大阪府の応急復興住宅キット展示場　昭和20年

1

2

3

4

政府も自治体も敗戦の年の冬を越せる住宅の確保に努めたが、資材も資金も人手もなく、実際の建設は目標を大きく下回った。
大阪府はオール木造のさまざまな住宅キット（材料だけを購入し自力建設する）を販売した。その戦災応急復興住宅の展示場として、戦争のため動物が処分されて空いていた天王寺動物園が使われた。これでも購入できたのはきわめて恵まれた人であり、見学者は小ざっぱりとした服装をしている。

1, 2, 3, 4：
大阪市天王寺動物園の復興住宅キット展示場　昭和20年

# ■神戸の応急復興住宅　昭和20年

1

官も民も、玄人も素人も、ともかく住宅の材料になりそうなものは知恵をしぼって何でも利用された。

2

1：神戸市三宮の戦災復興モデル住宅　昭和20年
2：神戸の自力復興バラック住宅　屋根も壁もすべて竹製　昭和20年

# ■転用住宅 —— 建物編 昭和26～32年

1

転用住宅とは、住宅以外のモノを転用したすまいを言うが、転用したものにはさまざまな種類がある。

- 寮や兵舎などの居住用建物
- 工場や倉庫などの建物
- 橋、防空壕などの構造物
- 船、電車、バスなどの乗り物

建物の用途転換による住宅を今日ではコンバージョン住宅とカッコ良く言うが、圧倒的な住宅不足の中で、屋根と壁のあるものは何でも利用してすまいとせざるをえなかった。

2

3

1, 2：新潟の軍需工場転用住宅　昭和32年
3：鹿児島県鹿屋　厩舎(きゅうしゃ)？転用住宅　昭和26年

4

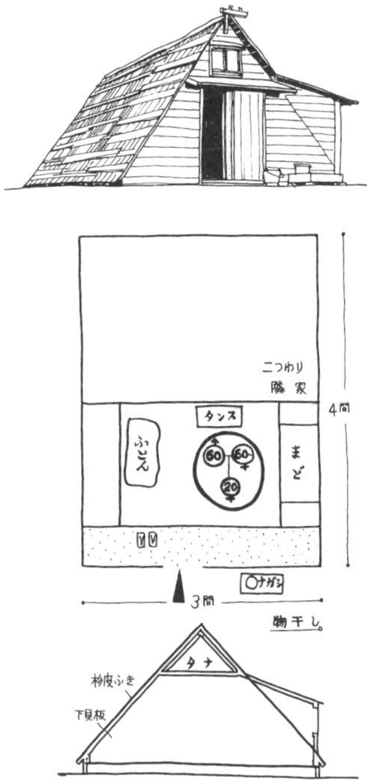


5

この三角バラックは、旧日本軍の米倉庫であった。当初は勝手に住み込んだものであるが、後に大蔵省から買い取った持ち家である。４棟に６世帯が暮らしていた。この例は真ん中で仕切って二戸一住宅としている。一戸６坪であるが、屋根が低いためまともに使えるのは６畳程度しかない。
戦後８年経ってもこうした「ねぐらずまい」から抜け出せない人が多かった。

6

7

4：兵庫県西宮市の三角バラック　昭和28年
5：兵庫県西宮市の三角バラック　西山画
6：兵庫県尼崎市　橋の下の住宅　昭和26年
7：鹿児島の旧掩体壕（えんたいごう＝戦闘機の格納庫）転用住宅　昭和31年

# ■転用住宅 —— 建物編　兵舎・寮　昭和27・32年

1

2

3

4

兵舎も寮も人が住むための建物だから転用住宅としては、ましな方である。
窓下でニワトリを飼って栄養補給をした。窓下でなければ卵もニワトリも盗まれてしまうからだろう。

5

6

7

1, 2, 3：新潟県高田市の旧兵舎転用住宅　昭和32年
4, 5, 6, 7：兵庫県尼崎市　軍需工場の寮の転用住宅　昭和27年

# ■転用住宅 ―― 建物編 引揚者定着寮 昭和27・32年

1

2

戦争が終わったとき、数百万人の日本国民が海外に取り残された。その後13年間にわたって空前の引揚事業が進められ、着の身着のままで旧満州や朝鮮、シベリアなどの海外から引き揚げてきた人のとりあえずの落ち着き場所として、兵舎を転用した定着寮が用意された。

故郷へ帰れた人はよいが、国内はすでに大変な住宅難にあり、彼らを受け入れる余裕はほとんどなかった。

3

1, 2：京都市伏見区の旧兵舎転用引揚者定着寮　昭和27年
3：新潟の旧兵舎転用引揚者住宅　昭和32年

# ■転用住宅——乗り物編 列車住宅 昭和27年

1

4

2

3

乗り物でも屋根と壁があればすまいに転用した。これは国鉄の旧車両を転用した東京都営住宅である。旧軍払い下げの木造上陸用舟艇の船ずまいが老朽化して沈没の危険があるため、住民の移転先として、ある東京都職員の奔走によって実現した。列車住宅は乗り物転用住宅の中ではサイズも大きく構造もしっかりしていて一番ましだった。

1, 2, 3：東京墨田区向島の列車転用住宅　昭和27年
4：「青がえる」と呼ばれた上陸用舟艇転用の船ずまい　西山画

# ■転用住宅――乗り物編　バス住宅　昭和24・28年

1

これは廃バスを利用した転用住宅である。岐阜市営住宅であり、家賃も取るが、それでも入居抽選は大変な倍率であった。
バスといっても今日のバスよりうんと小さく、断熱性も耐久性もなく、比較的短命で4年後には取り壊された。なかには6人家族で住む例もあり、平均3人が住んでいた。

2

3

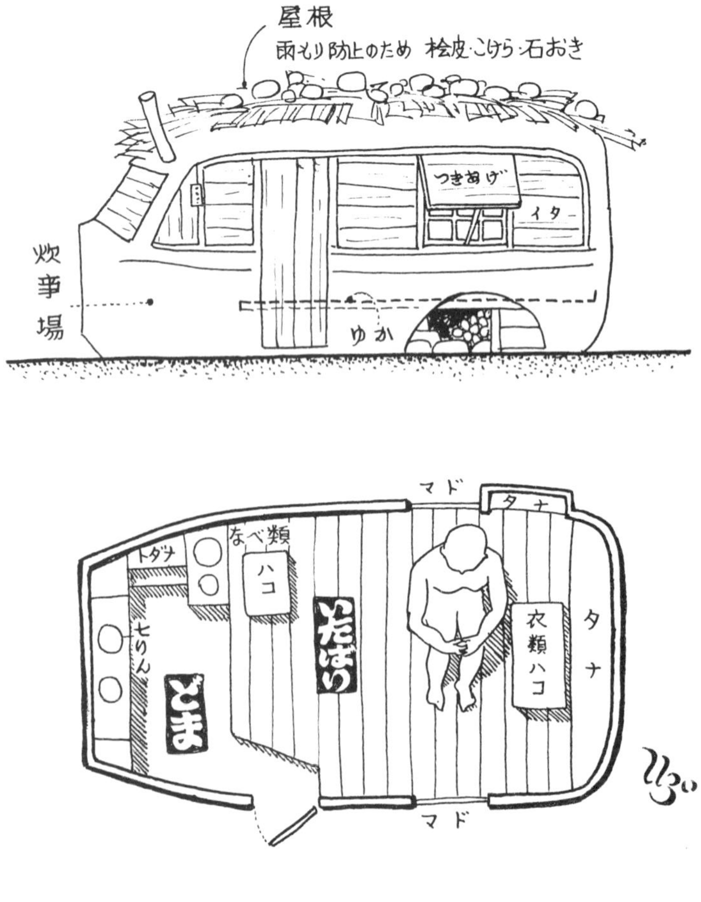


4

5

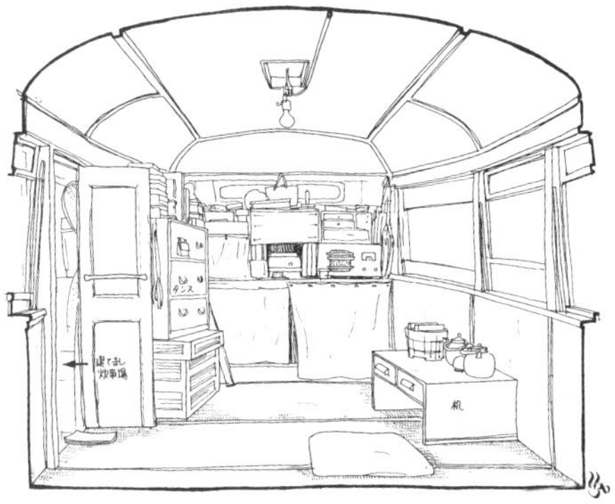

7

8

バス住宅などの乗り物転用住宅の多くは公営住宅として提供された。国から戦災復興住宅建設の目標を与えられた自治体職員の苦肉の策として生まれたのである。
狭いので食寝分離も確保できず、共用の炊事場、便所などが別棟で用意されたが、そのうち各戸に台所などを増築し、元の姿をとどめないものもあった。

6

1, 2, 3：岐阜市のバス転用市営住宅　昭和24年
4：岐阜市のバス転用市営住宅　西山画
5, 6：大阪市都島のバス転用市営住宅　昭和28年
7, 8：大阪市都島のバス転用市営住宅　西山画

# ■転用住宅——乗り物編 電車住宅 昭和32年

1

戦後多くの母子家庭が残された。この電車住宅は子どもが成長して母子寮を出なければならない母子家庭のために京都市が用意した旧市電車両を転用した10戸の分譲住宅である。バスよりましだが、全面ガラス窓のため暑く、物珍しさからのぞかれることも多かったと言う。驚くべきことに10戸のうち２戸は半世紀を経た21世紀になっても住宅として利用されている。後年、西山は京都の市電を守る運動に取り組むが、日本で最初の路面電車である京都市電は都大路から姿を消してもこんな所でがんばっていたのである。

2

1, 2：京都伏見区の市電転用住宅　昭和32年

3
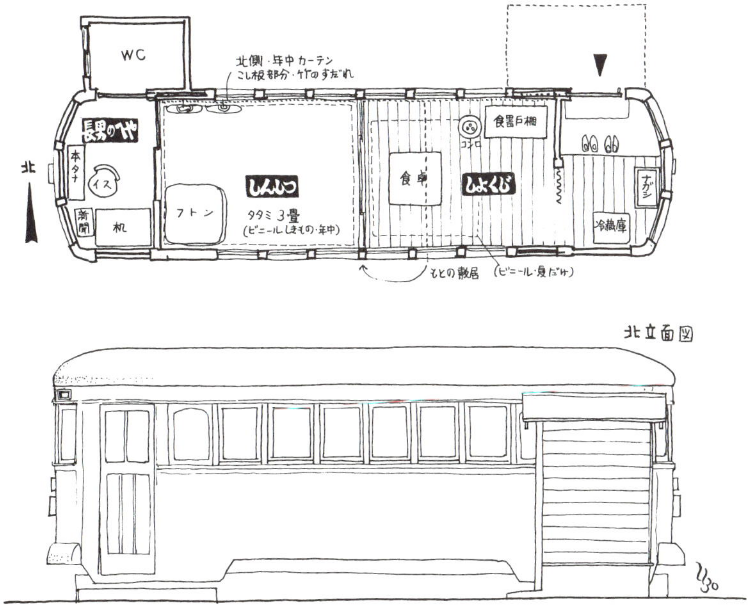

4

5

3, 4：京都の市電転用住宅　西山画
5：21世紀に生き残った市電転用住宅　平成13年　松本滋撮影

# ■神戸の復興住宅　昭和24年

1

戦災被災者や引揚者のための神戸市営の復興住宅である。一戸あたりほぼ6坪程度、6畳と3畳の長屋である。4の図の例では11人が住んでいた。一人あたり畳一枚もない超狭小過密居住である。こうなるとすまいとしての最小限の原理である食寝分離もとても確保できない。こんなすまいでも息子に嫁さんがやってきて子どもができる。その子たちがちょうど団塊の世代にあたる。少子化の現代とは隔世の感がある。

2

3

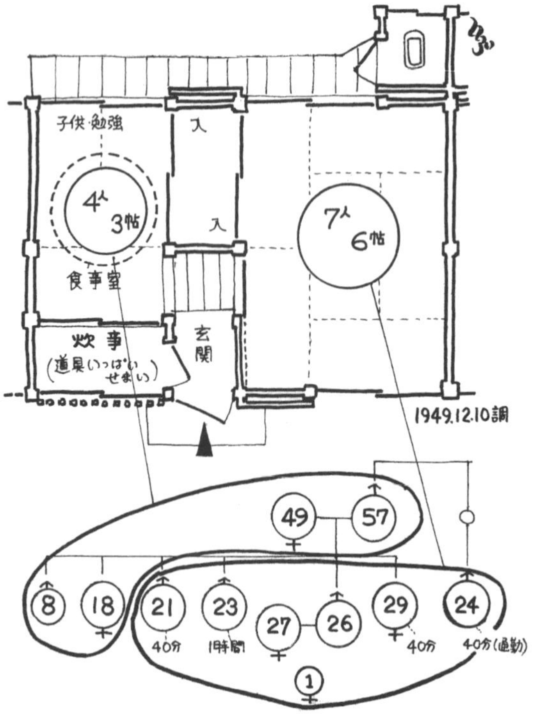


4

1, 2, 3：神戸市長田区五位ノ池の戦災復興住宅　昭和24年
4：五位ノ池の戦災復興住宅　西山画

# ■東京の復興住宅　昭和26年

1

今は超高層ビル街となっている新宿にもこんな光景がひろがっていた。
バラックの応急住宅もしだいに後ろに見える鉄筋コンクリートアパートの都営住宅に建て替えられていった。そして、今日ではそのアパートも建て替えられている。

1, 2, 3, 4：東京都新宿区
戸山ハイツ　昭和26年

2

3

4

## ■デペンデントハウス（進駐軍家族住宅）　昭和21年

1

2

3

1, 2, 3, 4：東京都千代田区　リンカーンセンター　昭和21年
（1はパノラマ合成写真）

日本の国民が住宅不足に苦しんでいるさなかに、東京都心の国会議事堂前に夢のような住宅団地が出現した。デペンデントハウスとは、日本を占領した米軍（進駐軍と呼ばれた）の家族のための住宅をいう。
モノもカネもヒトもないなかで、日本政府は米軍から全国各地で２万戸のデペンデントハウスの建設を命じられた。日本の計画的住宅団地建設は思わぬ形で再出発することになった。高い塀の中でくり広げられたこの快適で文化的なモダンリビングについて日本国民はほとんど知ることはなかったし、それが自分たちの税金による米軍への「思いやり予算」の始まりとは思いもよらぬことであった。わずかに工事に当たった業者や設備、インテリアの業者だけが彼我の格差に驚嘆しながら、現代的な技術を学んだのであった。

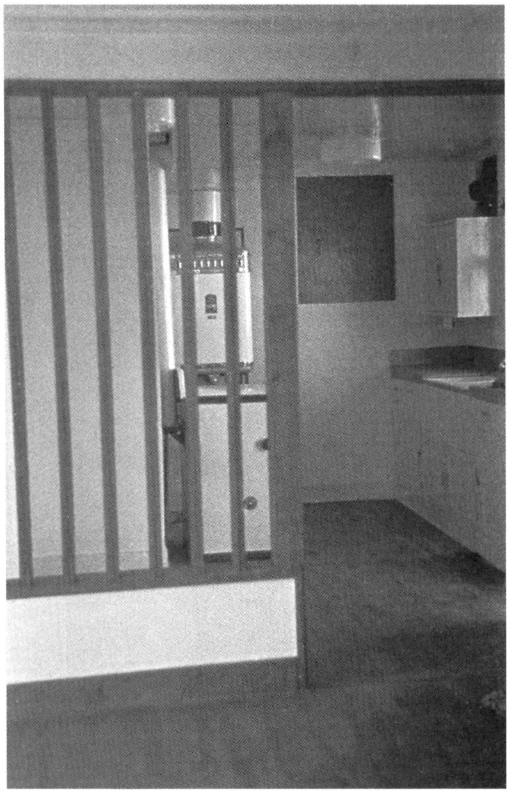

4

# ■開拓村 昭和25〜27年

戦後、都市には住宅も食料も余裕がなかった。あふれた人や「満州」など海外の開拓地から引き揚げた人びとは「食料増産」の掛け声で再び僻地の開拓村に追いやられた。農地整備が優先のためすまいは後回しにせざるを得ず、その住環境は劣悪なものであった。

ブルドーザーなどの機械もなく鍬一本で荒地にいどんだが、その後、農業切り捨て政策により、多くは途中で営農をあきらめた。血と汗の結晶である開拓農地を捨てる悔しさは想像に余りあるものがある。その後の観光ブームなどに乗り観光地になったところも多い。

1

2

3

4

5

1：北海道標茶開拓村
昭和25年
2, 3：標茶開拓村土中住宅
昭和25年
4, 5：岐阜県蛭ケ野開拓地
昭和26年

6

白浜開拓団は白浜温泉街の裏山にある。開拓が軌道に乗りかけたところに台風の被害で家を失い笹の葉で葺いたササゴヤずまいの人もあった。
その後の苦労の末、花卉栽培など農業を軌道に乗せた人も、高度経済成長期には多くは白浜空港やリゾート開発用地として買収され、開拓地を去っていった。
結果として戦後日本の開拓政策は「口減らし」のための「棄民（きみん）政策」と評価せざるをえないものであった。

7

8

9

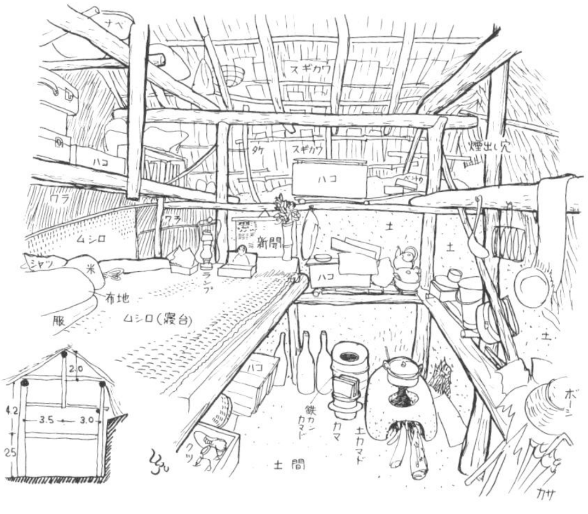


10

6, 7, 8, 9：和歌山県の白浜開拓団　昭和27年
10：白浜開拓団のササゴヤの内部　西山画

# ■戦後の災害と仮設住宅　昭和24〜36年

1

2

3

終戦と相前後して、大地震や台風などの災害が体力の弱った日本を次々と襲い、多くの住宅が失われた。仮設住宅はきわめて劣悪なもので、窓ガラスもなく、はねあげ窓や無双窓（むそうまど）であった。
被災地だけでなく、全国で深刻な住宅不足に陥っていた日本の状況では、仮設住宅を脱出するのは容易ではなかった。こうした仮設住宅の長期化がトラウマとなり、阪神淡路大震災においても当初は仮設住宅の大量建設に消極的な意見もあった。

4

5

1, 2：昭和23年の福井地震の仮設住宅　昭和24年
3, 4, 5：昭和21年の南海地震の三重県尾鷲の仮設住宅　昭和27年
6, 7：和歌山県新宮の南海地震仮設住宅　昭和27年
8, 9：京都府井手町の水害仮設住宅　昭和28年
10, 11：鹿児島の台風仮設住宅　昭和36年

6

7

8

9

10

11

# 復興・近代化 編

## 昭和25〜34年
## （1950〜1959）

昭和28年の北海道の炭鉱住宅

# ■炭鉱住宅 —— 北海道　昭和25年

1

戦後の産業復興のカギは産業のコメといわれた石炭増産が握っていた。炭鉱には優先的に資金が投入され、「炭住」と呼ばれる炭鉱住宅も、強制労働のための劣悪な炭鉱長屋では労働力は確保できないため、政府資金によって優先的に建設された。それでも断熱も暖房も不十分で、水道もなく共用井戸の水を台所の大きな水がめに貯めて使うところもあった。
夕張は日本有数の炭鉱であったが、昭和56年の悲惨な事故を契機に閉山、その後の産炭地域振興政策の失敗から、今日では財政破綻自治体の象徴的存在となっている。

2

1, 2, 3：北海道夕張炭鉱の炭鉱住宅　昭和25年

3

# ■炭鉱住宅——北海道 昭和28・32年

1

2

3

4

5

6

1, 2, 3, 5：北海道炭鉱住宅　昭和28年
4, 6：同　昭和32年

## ■炭鉱住宅 —— 九州　昭和31～45年

1

2

姪の浜は福岡の市街地に近いが、炭鉱の多くは不便な僻地にあり、労働力確保のためには炭住が必要であったし、昼夜のない地下での三交代制の24時間労働は通勤には不向きで職場の近くに住宅を必要とした。

1, 2：福岡の姪の浜炭鉱住宅　昭和31年
3, 4：福岡県直方の炭鉱住宅　昭和38年
5, 6：福岡県田川の炭鉱住宅　昭和45年

3

4

5

6

# ■炭鉱住宅 —— 軍艦島 昭和27·45年

1

長崎の沖合いにある約6.7haの孤島＝端島（はしま）に、最盛期には5,300人をこえる炭鉱夫たちが住む、世界でもまれな超高密居住地をつくっていた。その姿から「軍艦島」と呼ばれた。昔は「生きては出られぬこの世の地獄」といわれた強制労働の世界であったが、日本で最初期の鉄筋アパート（グラバーハウス）もつくられ、炭鉱と港湾施設と住宅のほかに、商店、学校、映画館、社寺、遊郭などもそろっていた。

住宅は、島の頂点に建つ木造二階一戸建て、７室、46畳の鉱長住宅から、海辺の潮風のあたる４畳一間の下請けの坑夫長屋にいたるまで、職階序列による明確な空間的秩序をもって配置されていた。

昭和49年に閉鎖され無人島になっているが、現在では廃墟ブームでかえって有名になり、世界文化遺産への登録運動もある。

1, 2：長崎県端島炭鉱住宅　昭和27年
3：軍艦島鳥瞰図　西山画
4, 5：長崎県端島炭鉱住宅　昭和45年

2

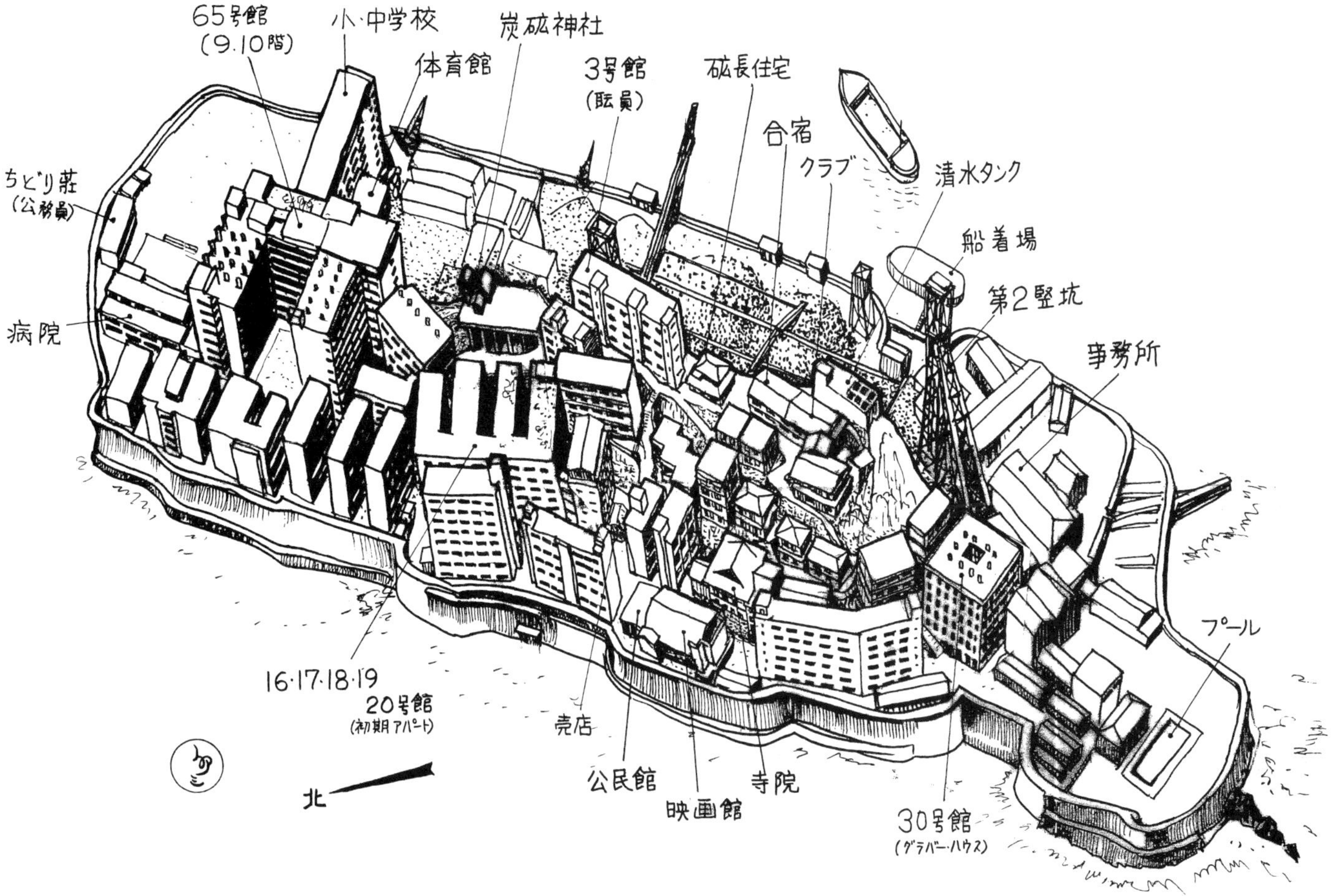
65号館
(9.10階)
小・中学校
炭砿神社
体育館
3号館
(耺員)
砿長住宅
合宿
クラブ
清水タンク
ちどり荘
(公務員)
船着場
第2竪坑
病院
事務所
プール
16・17・18・19
20号館
(初期アパート)
売店
公民館
映画館
寺院
北
30号館
(グラバー・ハウス)

3

4

5

# ■炭鉱住宅 ―― 軍艦島　昭和27・45年

1

2

3

1：軍艦島　昭和27年
2, 3, 4, 5, 6, 7：同　昭和45年

すべては上に上に立体的に積み上げられている。潮風があたって錆びるため、手すりも鉄でなく木製。子どもはあらゆるすき間を使って遊ぶしかない。
昭和35年の安保改定を契機とする石炭から石油へのエネルギー転換は、総資本と総労働の階級戦と言われた三池争議を経て石炭産業の衰退をもたらし、高度経済成長期以降、炭鉱も炭住も全国で次々と姿を消していった。

4

5

6

7

# ■社宅　昭和25年

1

雇用者が労働者のために用意する賃貸住宅を給与住宅と言うが、公務員の場合は官舎や公舎、民間企業の場合は社宅と言う。都市から離れた辺鄙（へんぴ）な土地で労働力を確保するには社宅は欠かせないものであった。炭鉱住宅もその一つである。
また、転勤の多い幹部社員にも社宅が用意されることが多い。したがって、社宅といってもその質はピンからキリまで千差万別である。

2

3

1, 2, 3：北海道苫小牧　製紙工場社宅　昭和25年
4, 5, 6：北海道室蘭　製紙工場社宅　昭和25年

4

5

6

## 社宅　昭和25〜32年

1

2

3

住宅難の中で、企業にとって社宅は労働者を確保する最も有効な福利厚生施策であった。一方で、職場の勤務時間だけでなく24時間労働者を管理する労務政策の一環でもあった。解雇されると職と住を同時に失うことになる社宅は、「会社人間」をつくる日本独特のすまいである。国際労働機関＝ILOは昭和36年に「日本の社宅は労働者を企業にしばりつけるもの」として公営住宅化を勧告したが、受け入れられることはなかった。

4

5

6

7

1：北海道　旭川パルプの社宅　昭和25年
2, 3：北海道帯広　ブロック造社宅　昭和30年
4, 5：兵庫県尼崎市　日電社宅　昭和27年
6, 7：京都市　カネボウ社宅　昭和32年

# ■社宅　昭和27～平成3年

1

3

4

2

5

政府の持ち家政策が進むと、企業も手間と費用のかかる社宅よりも労働者に持ち家を持たせる財形制度や社内住宅ローンを整備するようになり、社宅は減少した。労働者も社宅よりも持ち家を歓迎したが、社内ローンも労働者を企業にしばりつけるものとなった。

1, 2, 3, 4：北九州八幡の労働者住宅　昭和27年
5：同　昭和31年

6

7

8

9

6, 7：岡山県　水島コンビナートの高層社宅　昭和53年
8, 9：滋賀県大津市　東レ幹部用の洋館社宅　平成３年

## 公営住宅　昭和27・30年

1

2

3

4

5

戦争中の家賃統制令によって民間の借家経営が成り立たず衰退した状況のもとで、深刻な住宅難に立ち向かうには公営住宅が先頭に立つしかなかった。
昭和26年の公営住宅法によって公営住宅建設への国庫補助が制度化され、公営住宅の大量建設が開始された。それでも公営住宅の建設戸数は十分でなく、入居できたのは高倍率の抽選に当たった幸運な人だけであった。
当初は木造平屋の長屋が多かった。4の姫路の例で特に長大な長屋は、姫路城の北側にあった旧軍の軍馬用厩舎を利用した転用住宅である。
その後、都市部を中心に、しだいに鉄筋アパート形式が主流となっていく。

1, 2, 3：広島市営住宅　昭和27年
4, 5：兵庫県姫路市営住宅　昭和30年

## ■公営住宅　昭和26・32年

1

2

3

4

5

1, 2, 3：鹿児島県鹿屋市営住宅　昭和26年
4：北海道函館道営アパート　昭和32年
5：北海道稚内市営テラスハウス　昭和32年

# ■大阪の公営住宅アパート　昭和29年

1

2

都市部においては、公営住宅用地の不足から立体化が必要であり、また不燃化も求められたため、鉄筋コンクリート４階ないし５階のアパートの公営住宅が増えていった。鉄筋コンクリートの技術者が少ないなかで大量建設を進めるには標準設計が必要であり、２DKプランが確立されていく。
その代表例が昭和25年に開発された有名な「51C型プラン」である。35m$^2$の狭い空間に４・５人の標準家族を収容するために工夫されたダイニングキッチンを中心とした２DKプランであったが、その後のモダンリビングのさきがけとなった。

1, 2：大阪市城東区　市営古市団地　昭和29年

# ■大阪の公営住宅アパート　昭和31年

1

鉄とコンクリートで造られた真四角の箱、鉄の扉にカギ、地べたから離れた空中生活は日本国民の経験したことのないモダンなものであった。それでも、当時はエレベーターを庶民住宅に備えることはありえず、高さは5階までに限られていた。

2

1, 2, 3, 4, 5：大阪市営中央区法円坂アパート　昭和31年

3

アパートで展開されていくモダンリビングは、タンス、応接セット、三面鏡などの家具、そしてやがて「三種の神器」と呼ばれる洗濯機、冷蔵庫、テレビなどの家庭電化製品を持ち込むことになり、狭い室内はモノであふれかえる。
ちゃぶ台だけが置かれていた茶の間も、しだいに居間＝リビングルームと呼ばれる家族だんらんや接客の空間となっていく。
ここに描かれた室内はその最も初期の姿である。立派な蓄音機とレコードボックスが目をひく。
このアパートでは浴室がついているが、浴室はなく銭湯を利用するのが一般的だった。

4

5

# ■戦後の不良住宅　昭和27～42年

1

2

人類最初の原爆被爆者は、命びろいをしても、心身の健康を失い、家族・友人を失い、すまいと財産を失い、職を失い、なおかつ理不尽な差別にも苦しめられた。被爆者であることを秘匿する人も多かった。満足な支援もないまま、原爆後遺症に苦しみながら困難な生活に追い込まれた。

1, 2：広島市の川沿いの原爆スラム　昭和27年

3

4

5

戦災復興が進み、住宅も質量ともに少しずつ改善されはじめたものの、都市の中にはそれらから取り残された不良住宅地区が散在していた。
東京の蟻の町(ありのまち)は有名なキリスト教慈善救貧施設であり、すまいだけでなく、廃品回収などの仕事を提供した。

3, 4：東京上野の蟻の町　昭和31年
5：広島県尾道の水上住宅　昭和42年

## ■戦後の不良住宅　昭和32・36年

1

2

3

昭和30年代後半に始まった高度経済成長は、10年後には国民の所得倍増を達成し、日本は先進国の仲間入りを果たしたが、その豊かさの陰で、都市は河川敷などの不法占拠による不良住宅地区も抱えていた。現在の石堂川右岸には高層市営住宅が建ち並び、高架道路が走り、この面影は全く見られない。

1, 2：新潟　水辺のスラム　昭和32年
3, 4, 5, 6：福岡市石堂川水上バラック　昭和36年

4

5

6

# ■京都の不良住宅　昭和25年

西山夘三らは京都大学や同志社大学の学生とともに調査チームを組織して京都市内のいくつかの不良住宅地区について詳細な実態調査を実施し、改良の提言をまとめている。
これらの住宅は、戦争中に強制疎開で取り壊された町家の材料で建てられた借家である。傾いた家をつっかい棒で支え、建具も満足になく吹きっさらしのすまいで、その日暮らしが営まれていた。

1

2

3

1, 2, 3, 4, 5, 6, 7, 8, 9：京都市内不良住宅地区　昭和25年

4

5

6

7

8

9

# ■京都の不良住宅　昭和25年

1

2

3

4

5

6

1, 2, 3, 4, 5, 6：京都市内不良住宅地区　昭和25年

# ■改良住宅　昭和34·38年

不良住宅地区の改良のため、自治体は国の補助を受け、鉄筋アパートの改良住宅を建設した。高度経済成長の恩恵もあり、衛生的で文化的なすまいでの暮らしが可能となっていった。
お地蔵さんや縁台など、それまでの路地での生活のなごりが活かせる広い外廊下などの工夫も見られる。

1, 2：京都市改良住宅　昭和34年
3, 4：同　昭和38年

1

2

3

4

## ■船ずまい　昭和28・42年

1

2

陸上に住宅がなく、運搬船や漁船などを職場兼住居とする人びともいた。こうしたすまいを船ずまいと言う。小さい子どもは海に転落する事故が多く、学齢期の子どもは寮や親戚に預けていた。
尾道の一本釣りの漁師家族のための漁民アパートは市営住宅であり、目の前に船だまりがある。漁船の修理工場や漁具置き場なども用意されていた。ここでは「初めて揺れない寝床で寝られる」「初めて子どもの友だちが家に遊びにきた」という喜びの声があった。それでも魚相手の不安定な収入では月額2,000円の家賃はかなりの負担だったと言う。
現在では一本釣りの漁師は減ってしまい、このアパートの地盤が弱いこともあって平成18年には閉鎖され、数少ない入居者は海から離れた丘の上の市営住宅に移転している。

3

4

5

1, 2：神戸市　船ずまい
昭和28年
3, 4, 5：広島県尾道市吉和
「家船」と漁民アパート
昭和42年

# ■島のすまい　昭和28年

1

2

3

4

離島には空襲の被害はなかったが、戦後の近代化からは取り残されていた。住宅も狭くはなくても劣悪な状態であった。
水道が普及するのはずっと後になってからであり、毎日欠かせない水運びは女の子の役目であった。毎日天秤棒を肩に、急な坂を何往復もしなければならなかった。

1, 2, 3, 4：岡山県笠岡市六島　昭和28年

## ■島のすまい　昭和31年

1

2

3

1, 2, 3：鹿児島県沖永良部島　昭和31年

# ■戦後の阪神間の住宅　昭和27年

1

2

西山は昭和27年、兵庫県の委託で尼崎から神戸にいたる阪神間の住宅事情を調査した。
バラックから邸宅までさまざまな住宅があるが、敗戦から7年たってもまだまだ戦災の影が色濃い。

1, 2, 3, 4, 5, 6：
兵庫県尼崎、西宮、神戸の阪神間の長屋　昭和27年

3

4

5

6

# ■戦後の阪神間の住宅　昭和27年

1

2

3

4

5

6

1, 2：阪神間の重ね建て長屋　昭和27年
4, 5：バラック　昭和27年
3, 6：阪神間の木造アパートとその内部中廊下　昭和27年

7

8

9

10

11

12

戦後しばらくは、戦争で夫を失った母子家庭が多く、各地に母子寮が用意された。これはキリスト教系の福祉団体「同情会」の母子寮である。ここも、子どもが義務教育を終えると退寮しなければならなかった。

7, 8, 9, 10：兵庫県尼崎市の同情会母子寮　昭和27年
11, 12：阪神間の邸宅　昭和27年

## ■農家改善　昭和27〜37年

GHQ（占領軍総司令部）命令による農地解放によって昭和22年から始まった農村の民主化は、同年公布された男女平等をうたう新憲法のもと、農家の封建的な家族制度の民主化も進めた。
農家住宅の改善もその一環であり、主婦の家事労働軽減のための台所改善が中心となった。
北海道ではブロック造の耐寒住宅の普及も取り組まれた。
伊勢湾台風復興住宅では高潮被害に備えて、1階を農作業スペースとし2･3階を居住スペースとしていた。
4, 8の写真は未改善、5, 6, 7, 9が改善済み台所。

1

2

3

4

5

1, 2, 3, 4, 5：北海道伊達町農家改善　昭和32年
6, 7：愛知県江南市農家の改善台所　昭和30年
8, 9：岡山県茅田村の台所改善　昭和27年
10, 11：三重県木曽岬村農家アパート（伊勢湾台風復興住宅）　昭和37年

6

7

8

9

10

11

# ■鳥取農村調査と農家改善　昭和29年

1

2

3

4

5

「日本の民主化は農山村から」を合言葉に、西山らも地元の若手建築技術者たちと協力して、鳥取の農山漁村の調査に取り組んだ。
農家改善は合理的なものであったが、空間の改善が生活の改善に直結するとは限らず、ともすれば改善を最も必要とする下層農民には波及せず、中農層以上の「形式的流行」(「新しい家相」とも表現された)に流れる面も合わせ持っていた。台所の改善は家事を合理化したが、農家の嫁にとってはかえってゆとりのない労働強化となる場合もあった。
1の写真は農家の若嫁との懇談会。京都大学の偉い先生が来るというので全員パーマをかけてきた。

1, 2, 3, 4, 5：
鳥取県農村住宅調査
昭和29年

# ■農家改善モデル住宅　昭和35年

営農部分（1階ブロック造）と生活部分（2階木造）を明確に分離している。住宅部分は伝統的な田の字型をベースにした変形プランである。農家の主婦は農作業と家事をかけもちしなければならないので台所は土間で、ダイニングキッチンにはなりきれておらず、南に隣接する三畳の茶の間が食事室となっている。

1

2

1, 2：山口県阿知須村の
鉄筋コンクリートモデル農家
昭和35年
3：同　西山画

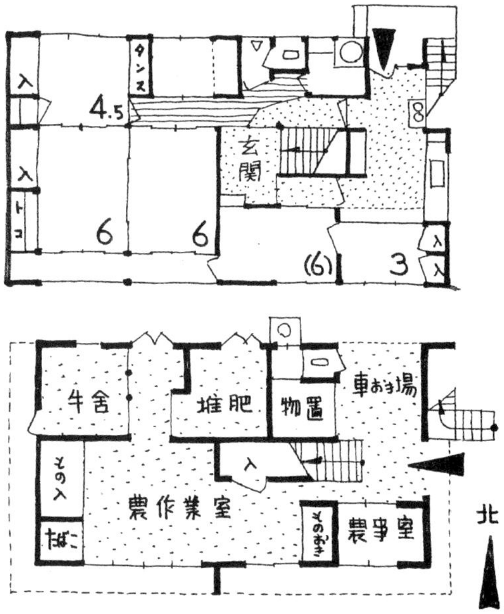


3

## ■漁村住宅改善　昭和33・44年

北海道のコンブ漁などの沿岸漁業の漁村住宅の改善に取り組んだ西山は、漁民との対話の中から漁民アパートを提案した。
１階は漁具置き場とし、上階が住戸となっている。

1

2

3

4

5

1, 2：北海道浦河
改善前の漁民住宅
昭和33年
3：北海道浦河
漁民との懇談会
昭和33年
4, 5：北海道浦河
漁民アパートと室内
昭和44年

# ■昭和30年頃の街並み　北海道

1

昭和30年代に始まる高度経済成長によって全国の街並みは大きく変貌していく。この頃西山は講演に調査にと北海道から九州まで全国を活発に走り回っていた。そして各地の街並みの写真を残している。
今では失われてしまったこの時代の街並みは戦災の傷跡もあるが、大きく変貌する直前のその地方独特の昔ながらの街並みの面影を色濃く残していた。

2

3

1, 2, 3：北海道釧路市　昭和25年

# ■昭和30年頃の街並み　北海道

1

2

3

4

5

北海道の街並みの特徴として、開拓の歴史を語るレンガ造や木造の洋風建築が残っていることがあげられる。針葉樹の木材が豊富だったことや寒冷地の風土を反映した縦長窓、下見板張り、ストーブ煙突がエキゾチックなロシア風の街並みを特徴づけていた。

1, 2, 3：旭川市　昭和28年
4：浦河市　昭和30年頃
5：女満別　昭和25年
6, 7：小樽市　昭和28年
8, 9：函館市　昭和28年
10：ニセコ　昭和25年
11：札幌市　昭和25年

6

7

8

9

10

11

# ■昭和30年頃の街並み　東北

観光地などの一部の街を除くと、こうした何の変哲もないありふれた街並みは今ではすっかり失われてしまっている。このページの中でも、蒸気船、荷馬車、オート三輪などはその後姿を消していったものである。後年、西山は、全国町並みゼミや日本ナショナルトラストなどの活動で、歴史的街並みの保全に熱心に取り組んだが、その脳裏にはこれらの原風景がイメージされていたのであろう。

1

2

3

4

5

1：青森港　昭和34年
2：盛岡市　昭和32年
3：秋田市　昭和25年
4：大曲市　昭和25年
5：仙台市　昭和33年

# ■昭和30年頃の街並み 北陸

1

2

3

4

5

新潟県の雁木（がんぎ）は、深い雪の中で店の前の通路を確保するために作られた。雁木は店の負担で私有地に私費で作られたものであることから、雪国でも他県にはほとんど見られない。現在では除雪、融雪、流雪の技術が進み、「平成雁木」と呼ばれるアーケードに代わったところが多い。

1, 2, 3：新潟市　昭和32年
4, 5：新潟県高田市の雁木の街並み　昭和32年

# ■昭和30年頃の街並み 北陸

1

2

3

1, 2, 3：新潟県高田市の雁木の街並み　昭和32年

# ■昭和30年頃の街並み 関東

1

2

今では高層ビルが林立する東京も、昭和39年の東京オリンピックまでは、戦災の焼野が原から復興したばかりの、こんな風景だった。少し高い建物にあがると東京の市街は一望千里だったのである。

1：東京新宿　昭和26年
2：東京池袋　昭和35年

## ■昭和30年頃の街並み 関東

1

2

3

4

5

戦後、和風よりも洋風をありがたがる風潮があったが、商店街などでは1や4の写真のように、木造切妻屋根のまわりに壁を立ち上げて、あたかも鉄筋コンクリート陸屋根の建物のように偽装する「カンバン建築」が流行した。その結果、国籍不明の街並みが出現することもあった。

1, 2, 3：東京浅草向島　昭和27年
4. 5：横浜市　昭和31年

# ■昭和30年頃の街並み　中部

1

2

3

4

5

6

1, 2：岐阜県飛騨高山　昭和29年　　4：福井県武生市　昭和32年　　6：愛知県豊橋市　昭和30年頃
3：石川県輪島市　昭和35年　　5：静岡県浜松市　昭和36年

# ■昭和30年頃の街並み　近畿

1

2

1, 2：京都市　京都風の長屋　昭和26年
3：京都市　室町の問屋街　昭和31年
4：京都市　京都風の長屋　昭和31年
5：京都市　昭和30年
6：京都の町家　昭和32年

3

4

5

6

## ■昭和30年頃の街並み　近畿

2

3

4

5

1：大阪市ミナミ　通天閣より　昭和34年
2, 3, 4, 5：三重県尾鷲市　昭和27年

# ■昭和30年頃の街並み 中国

1

これらの映像はその街のもつ顔のごく一部にすぎないが、この時代の各地方の街並みを見ると、地方色豊かな伝統と近代化の新しさ、豊かさとバラックの貧しさ、戦災被害の有無が混じりあい、雑多ではあるがそれぞれ独特の表情を見せている。

2

3

1, 2：島根県松江市　昭和30年頃
3：岡山市　昭和36年
4, 5：岡山県倉敷市下津井
昭和35年
6：広島県福山市鞆の浦
昭和39年

4

5

6

# ■昭和30年頃の街並み　中国

広島も被爆から７年。復興も少しずつ進み、丹下健三による原爆資料館の建設も始まっている。2の写真は昭和43年の原爆ドーム。被爆の証人であると同時に被爆者にはつらい思いをさせる存在であるとして撤去の意見もあったが、昭和41年に保存が決まり、その後補修をしながら平成８年に世界遺産に登録された。

1

2

3

1, 3：広島市　昭和27年
2：広島市原爆ドーム　昭和43年

# ■昭和30年頃の街並み 四国

1

2

3

1：愛媛県松山市　昭和27年
2, 3：愛媛県宇和島市　昭和33年

# ■昭和30年頃の街並み　四国

1

2

3

4

この時代の街路を行き来するのはほとんど歩行者と自転車だけである。道路も一部で舗装が始まったばかりで、ほとんど地道である。交通標識というものも見当たらない。徒歩圏でまかなえるのんびりした町であった。

その後、こんな道に自動車が走り始めると交通事故が激増し、昭和45年には16,765人もの死者を記録し交通戦争と呼ばれた。

こうして見てくると、コンパクトシティ、ウォーカブル

5

6

7

8

シティ、脱自動車依存、スローでロハスな生活、透水性道路、安全安心都市、地産地消のエコ建築、ローカルな建築文化など、現代の私たちが目指しているサステイナブルな都市像は実はこの時代の地方の町にあったか、と思われてくる。

この時代にはもちろん本四架橋は一本もないから、四国は島であった。そして四国は山国である。海岸まで迫る山すそをぬって走る数少ない鉄道と道路が町をつないでいた。それ以前は港をつなぐ海の道がメインで、陸路を行った竜馬の脱藩の道は険しい山中の道なき道であった。したがって海岸沿いに散在する町はそれぞれ独自の生活圏をもって、のどかな個性のある表情を持っていた。
雪国と比べると、白いしっくい壁が目につく。瓦屋根が多く、２階の高さが低いこともあわせて、雪よりも夏の台風に備えた造りであることがよく分かる。

1：愛媛県宇和島市　昭和33年
2：高知県室戸市　昭和33年
3, 4：高知市　昭和33年
5, 6：高知県安芸市　昭和27年
7, 8：高知県伊野町　昭和27年

# ■昭和30年頃の街並み 九州

1

3

4

2

5

6

7

8

9

10

1：北九州八幡　煤煙に煙る市街　昭和27年
2：長崎市　昭和27年
3, 4：福岡市街と福岡千代地区商店街　昭和36年
5：熊本市　昭和27年
6：宮崎市　昭和36年
7, 8, 9, 10：鹿児島県鹿屋市　昭和26年

## ■昭和30年頃の農村風景　東北・北陸

1

2

3

4

5

6

7

農家建築はその地方の長い歴史を経て形づくられた日本の誇るべき文化の一つである。農家は農業という生産活動と密接に結びついたすまいであっただけに、それなりの合理性を持っており、それが地場の材料や風土と結びついて各地にみごとな建築様式を生み出した。同時にそれは、過酷な労働と封建的な村制度や家族制度によって支えられていたのである。

合掌造りの見事な造形も、家族の生活のためというよりも蚕（かいこ）を育てるための空間であり、四六時中大量の桑の葉を運びあげる労働力としての大家族を収容する空間として生まれたものであった。

1, 2：岩手県盛岡市の豪農の農家　昭和32年
3, 4：岐阜県白川郷の合掌造りの農家　昭和26年
5：合掌造りの農家　西山画
6, 7：福井県永平寺付近の農家　昭和28年

# ■昭和30年頃の農村風景　近畿

1

2

1, 2, 3, 4：奈良県田原本町の大和棟の農家　昭和28年
5：大和棟の農家　西山画

3

4

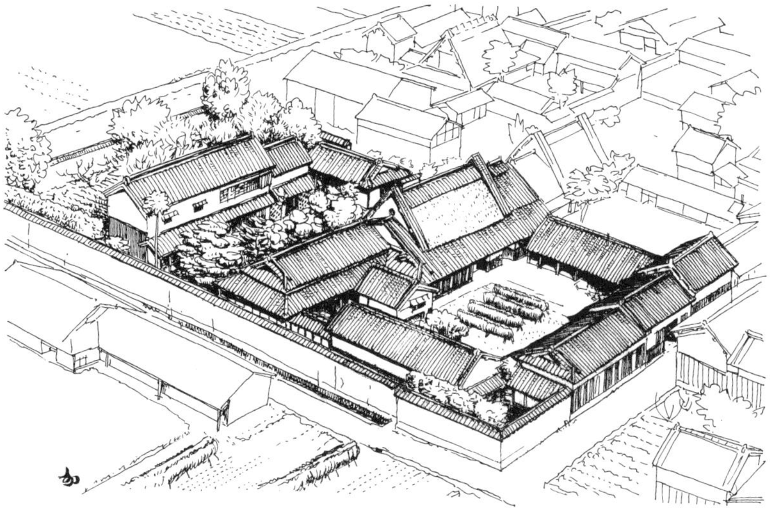

5

## ■昭和30年頃の農村風景　中国

1

2

3

4

5

昭和22年から始まる農地解放は、大地主と小作農という封建的な農村社会を一変させ、多くの自作農を生み出したが、茅葺き（かやぶき）の農家が並ぶ一見のどかな農村にも、相当な階層差が依然として残されていた。

6

1, 2, 3, 4：岡山県建部村の農家の階層差　昭和27年
5, 6：山口県秋芳台の農家　昭和33年

# ■昭和30年頃の農村風景　四国

1

2

3

1：徳島県祖谷渓(いやだに)の農家　昭和43年
2：徳島県吉野川流域の農家　昭和33年
3：高知県室戸付近の農家　昭和40年

4

5

「泊まり家」は「若衆宿」とも言い、農村の独身青年男子が集団で泊り込む施設を言う。先輩が親がわりとなって成人となる教育をした。強固な農村コミュニティを維持する仕組みであった。性的習俗の意味合いもあったため、後には青年団に変わっていった。

4, 5：高知県宿毛市の「泊まり家」　昭和33年

# ■昭和30年頃の農村風景　九州

1

昭和30年代になると農村部の少年少女は「金の卵」ともてはやされて「集団就職列車」に乗せられて都会の労働力となり、都市化の波は確実に地方の農村を変えていっていたが、今では農作業に欠かせない耕運機や軽トラなどもまだなく、新建材の導入もなく、外見上は 茅葺き、土壁、木造の昔のままの姿を残していた。それでも1の写真ではアンテナがテレビの存在を誇示するかのように玄関脇に掲げられている。

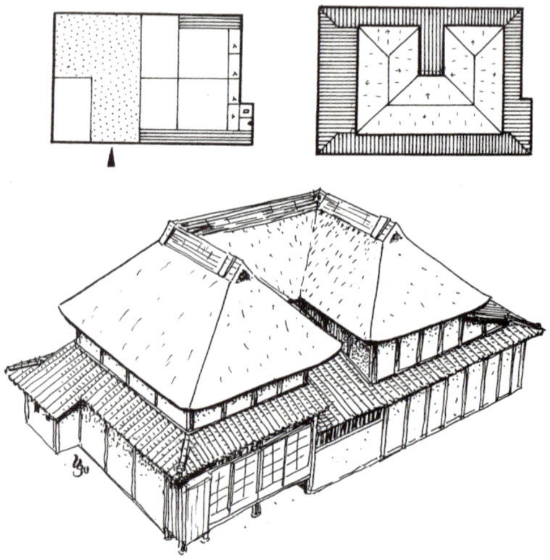

2

1：福岡県嬉野のくど造り農家　昭和36年
2：くど造り農家　西山画
3：大分県千歳村　昭和31年
4, 5：鹿児島県知覧　昭和31年

3

4

5

# 高度成長の光と陰 編

## 昭和35年～
## (1960～　)

昭和43年の大阪府豊中市の過密木造賃貸住宅群

# ■木賃住宅・文化住宅　昭和34〜43年

1

昭和30年代から、東洋の奇跡と言われた高度経済成長が始まった。それを支える若い労働力が地方の農村から大都市に大量に流入した。その受け皿となり、また彼らがプライバシーのない住み込み間借りや寮の生活を脱し、あるいは世帯を持つには木造賃貸住宅＝モクチンしかなかった。
大都市周辺の低湿地などに道路や下水道などの都市インフラ整備のないままに木賃ベルト地帯がスプロールしていった。

1：大阪府豊中市庄内の木賃住宅群　昭和43年
2：大阪府寝屋川市　木賃住宅群　昭和43年
3：大阪市都島区の文化住宅　昭和34年
4：大阪府豊中市庄内　昭和38年

2

3

4

# ■木賃住宅・文化住宅　昭和35〜38年

1

3の図のように木賃住宅には以下の二種がある。

A：設備共用・中廊下・上足式の木賃アパート（関西ではアパートと呼ぶ）は裏長屋を積み重ねたもの。

B：設備専用・外廊下・下足式を関西では文化住宅という。長屋を積み重ねたもの。（大正時代に流行ったハイカラな中流住宅の文化住宅とは全くの別物。）

過密な環境で、狭く低質な住宅であったが需要は多く、大家は3年で投資を回収できたと言う。そのため耐久性に乏しく短期間で老朽化し、阪神・淡路大震災でも大きな被害を出した。その後文化住宅もプレハブ化が進み、ハイツという新種も生まれている。

2

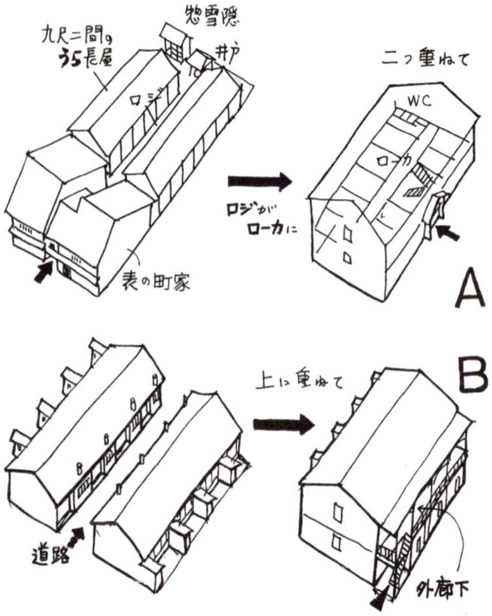


3

4

5

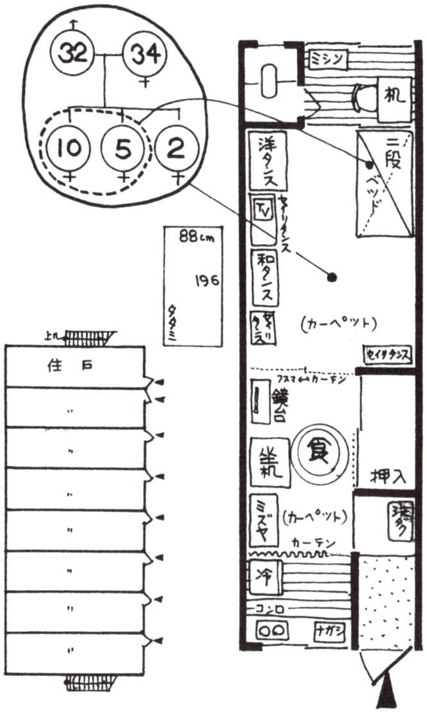


6

6の図は文化住宅の住み方の例。台所、便所は専用。浴室はなく銭湯を利用した。食寝分離はできているが、一室集中就寝であり、モノがあふれている。下水もないので汲み取り便所であるが、2階からは土管で落とした。
粗悪な造りが多かったため、泣き声がトラブルになるからと赤ちゃんが生まれると退去を求める大家もあった。

1：大阪府門真市の木賃アパート基礎工事　昭和35年
6畳一間だけのすまいである。
2：大阪府寝屋川市の木賃アパート　昭和38年
3：木賃住宅の成り立ち図　西山画
4, 5：大阪府枚方市香里の木賃文化住宅　昭和38年
6：文化住宅の住み方例　西山画

# ■木賃住宅・文化住宅　昭和38年

1

2

3

4

5

6

木賃住宅は低質ではあったが、高度経済成長を支えた主要な都市装置の一つであり、都市に流入する大量の若い労働力の最大の受け皿となった。
彼らの多くは、木賃住宅を振り出しに、所得の上昇やクジ運によって、公営住宅、公団住宅、建売り住宅、マンション、プレハブ住宅などに「住宅すごろく」のコマを進めていった。それでも老朽化する木賃住宅から脱出できずに滞留してしまっている人も少なくない。

1, 2, 3, 4, 5：
大阪府豊中市庄内の文化住宅　昭和38年
6：文化住宅　西山画

# ■郊外スプロール・建売り住宅 昭和32〜34年

1

2

3

4

昭和25年に住宅金融公庫が発足して庶民向け住宅金融制度が用意され、借家中心だった都市住宅も持ち家にシフトし始めた。
「方荘号字（かたそうごうあざ）」と言われる住宅すごろくのアガリは庭付き一戸建て持ち家とされたが、注文住宅に手が出ない人には建売り住宅が供給された。その質は建売り長屋から庭付き戸建ての高級住宅とピンからキリまであり、すごろくのアガリにしてはみすぼらしいものも多かった。
6の図は、極小建売り住宅の例。二戸一で１戸6.3m$^2$しかなく、17万円。もちろん違法建築であり、建った時から不良住宅である。入居者は２戸まとめて購入して、すぐに建て増している。

5

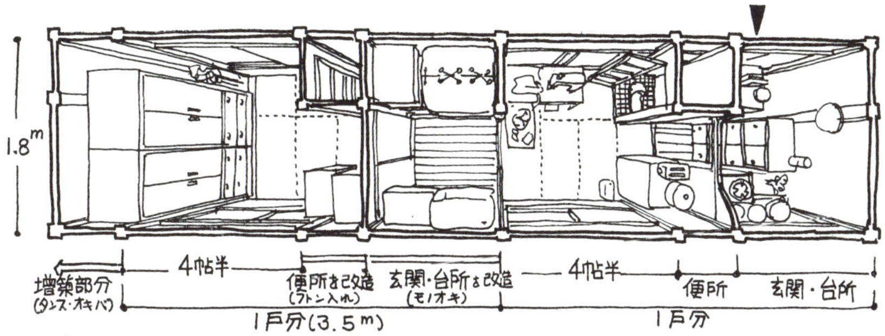


6

7

8

9

1, 2, 5：大阪府守口市　建売り長屋住宅　昭和32年
3, 4：東京都国立市　郊外建売り住宅　昭和34年
6：兵庫県川西市の極小建売り住宅　西山画
7：大阪市我孫子　数奇屋風建売り長屋　昭和34年
8：京都市　建売り住宅建設工事　昭和33年
9：札幌市郊外建売り住宅　昭和33年

# ■郊外スプロール・建売り住宅　昭和34〜50年

地価の上昇が続いたため、家賃を払い続けるより無理をしても早期の持ち家取得が資産形成上有利となり、持ち家神話が生まれた。木賃ベルト地帯のさらに外側の郊外には、こうした需要に応える建売り住宅が次々とさらに不便な郊外へ、湿地帯や山の斜面へとスプロールしていった。

1

2

3

1：大阪府豊中市庄内の湿地帯の建売り住宅　昭和34年
2：大阪府南部の建売り住宅開発　昭和38年
3：神戸市長田区の斜面地宅地造成　昭和37年

4：京都市洛南　昭和39年
5：大阪府高槻市　ミニ開発建売り住宅団地　昭和38年
6, 7：京都市上加茂の建売り住宅　昭和50年　スケッチは西山画

4

5

6

7

西山夘三の著作にはほとんどこれらの写真は使われておらず、挿入図には手描きのスケッチが使われている。6, 7は「日本のすまい」に使われた建売り住宅のスケッチとその元になったと思われる写真。

## ■郊外スプロール・建売り住宅　昭和50・52年

1

2

建売り住宅にもしだいに高級なものも増えていった。また、この頃になるとマイカーの車庫が必要となってきて、狭い敷地に収容するためにさまざまな工夫がされたが、庭はなくなり、乱雑な外観になることが多かった。
ヨーロッパではほとんど建売り住宅であり、大土地所有制のもとに大規模に開発されるため統一のとれた街並みを形成したが、小規模のミニ開発ではそうした効果は期待できなかった。

1：京都市上加茂の建売り住宅　昭和50年
2：京都市上加茂の高級建売り住宅　昭和52年

# ■郊外分譲宅地　昭和35・41年

1

まともな庭付き一戸建てはどんどん郊外へ遠ざかっていった。夢のマイホームを手に入れるには遠距離通勤に耐えなければならなかった。
それでもマイホームを夢見て、人びとは着飾って見学会に出かけ、高倍率の抽選に賭けた。
こうした宅地には在来の注文建築だけでなく、プレハブや自由設計の建売り住宅も供給されるようになった。

2

3

4

5

1, 2：奈良市近鉄登美ヶ丘団地現地見学会　昭和35年
3, 4, 5：大阪府羽曳野市羽曳野ネオポリス　昭和41年

# ■計画的住宅団地・ニュータウン　昭和32・34年

1

2

3

4

昭和30年に都市の中堅勤労者に住宅を供給する住宅公団が設立された。公団は自治体や大デベロッパーなどとともに大都市郊外に大規模な計画的住宅団地やニュータウンを開発した。
ダイニングキッチンに始まるnLDKの公私室型の間取りや鉄筋コンクリートの中層アパートなどの建築様式、そして住棟とその施設レイアウトなど最新の建築技術と計画理論が用いられ､「団地族」と呼ばれるモダンなライフスタイルが国民生活の「近代化」をリードした。

5

6

1：兵庫県宝塚市逆瀬川住宅公団団地　昭和32年
2：兵庫県宝塚市逆瀬川民間建売り団地　昭和32年
3：東京都国立市　住宅公団武蔵野団地　昭和34年
4, 5, 6：名古屋市千種区　住宅公団星ヶ丘団地　昭和34年

# ■計画的住宅団地・ニュータウン　昭和33〜35年

住宅公団などが建設した計画的住宅団地は、住宅供給と道路や団地施設などが一体的に計画され、これまでの日本になかった新しい都市景観を造りだした。

1

2

3

4

1：大阪府枚方市　住宅公団香里団地のスターハウス　昭和33年
2：スターハウス　西山画
3, 4：東京都ひばりが丘団地　昭和35年

# ニュータウン　昭和39～43年

1

千里ニュータウンは昭和37年にまちびらきした、西山研究室が基本計画を作った日本で最初の本格的なニュータウンである。大阪北部の田畑と竹やぶの広がる千里丘陵に、文字どおり新しい町が出現した。
住戸だけでなく、団地計画にも近隣住区理論や歩車分離など最新の計画理論が取り入れられ、その後の計画的住宅団地やニュータウン計画のモデルとなった。
しかし、イギリスのニュータウンとは違ってその中に職場はなく、遠距離通勤を前提としたベッドタウンであった。

2

3

1：大阪府豊中市千里ニュータウン空撮　昭和40年
2：千里ニュータウン空撮　昭和43年
3：千里ニュータウン造成工事　昭和39年

## ■ニュータウン　昭和39〜48年

1

2

3

4

千里ニュータウンが達成した新しい居住環境はきわめてレベルの高いものであった。しかし、一時に若い核家族が一斉に入居したため、最初に保育所、次に学校の需要が一時的に急増する問題が生じた。そして、まちびらきから40年以上たった今、高齢化が進む一方で小学校は空き教室が目立つというオールドタウン問題が生じている。

大阪府豊中市千里ニュータウン
1：戸建て、テラスハウス、
中層アパート群　昭和43年
2, 3：中層アパート群　昭和39年
4：地区センター　昭和43年
5：地区センター内部　昭和41年

5

6

7

8

9

6, 7, 8：大阪府堺市泉北ニュータウン　昭和48年
9：開発前の泉北ニュータウン用地　昭和29年

## ■DKとモダンリビング　昭和33～35年

DK＝ダイニングキッチンは台所と食事室を一体化したものであるが、それまで土間だった台所を床張りに変えることが必要であり、その結果食事が茶の間の床座からイス座へと洋風化、近代化し、その後の家庭電化の受け皿となり、モダンリビングのさきがけとなった。
同時にそれまでの暗く湿気ていた台所と違って、南向きの明るく衛生的なDKは、男子も厨房に入ることもあり、女性の地位向上という家庭民主化の象徴でもあった。

1

2

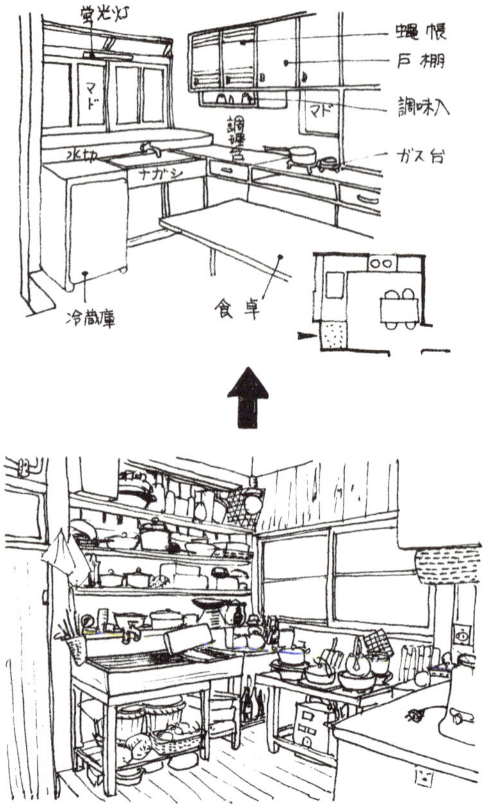


3

4

5

6

1：大阪府民間建売り住宅　昭和33年
2：金沢市蒲生団地　昭和33年
3：台所からダイニングキッチンへ　西山画
4, 5：名古屋市公団住宅ダイニングキッチン　昭和34年
6：東京都　マンションのリビングダイニングキッチン＝LDK　昭和35年

## マンション　昭和31～50年

1

2

3

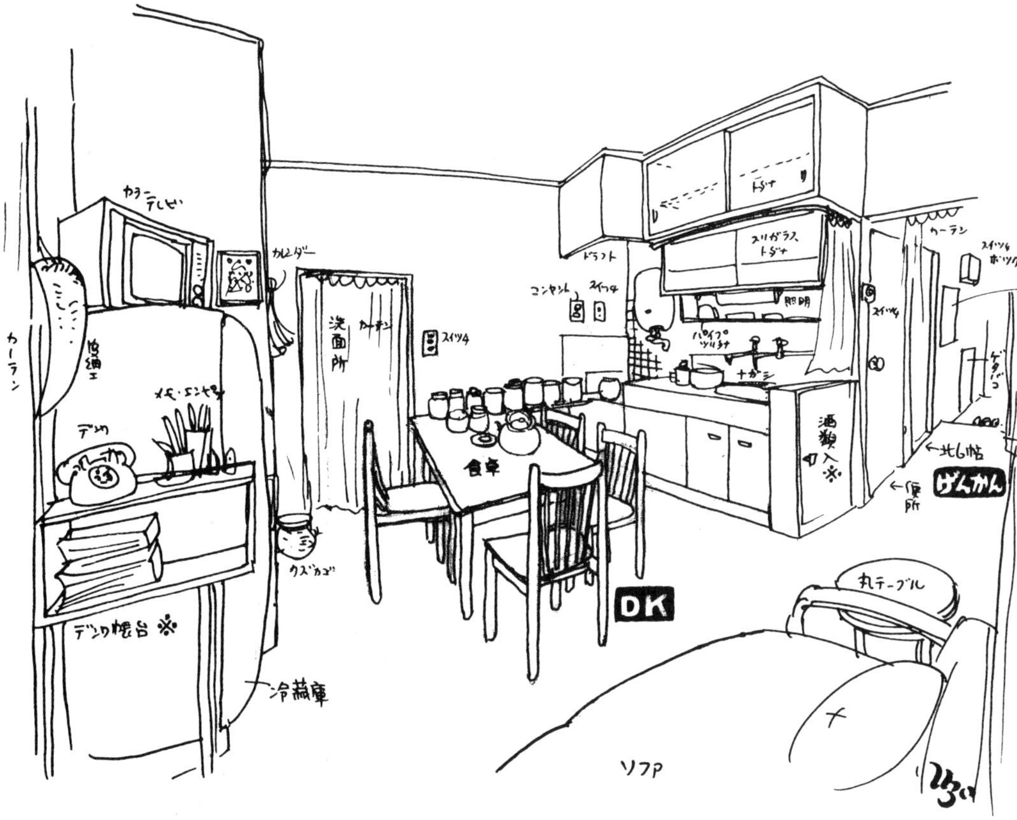


4

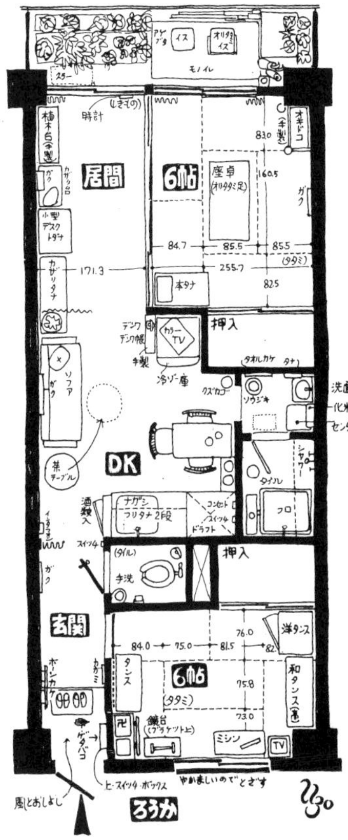


5

4の図は、15階建て$47m^2$の分譲マンションの昭和44年の時点での住み方例。

食事とテレビが家族団らんの中心となり、DKが居間の機能を吸収し、LDKとなっている。こうして、LDKを公室とし、寝室を私室とする公私室型のnLDKプランが、マンションだけでなく日本の住宅間取りの主流となっていく。

6

1, 2：横浜市　ゲタバキ鉄筋アパート
（マンションの前身）　昭和31年
3：東京都港区　三田東急アパート
最初期の高級マンション　昭和33年
4, 5：東京渋谷の高層マンションの住み方例
昭和44年　西山画
6：大阪府豊中市の民間マンション　昭和50年

## マンションの発展 昭和50・61年

1

2

3

4

鉄筋アパートを源流とするマンションは戸建て住宅を手に入れるまでの腰掛け住宅と考えられていたが、しだいに賃貸だけでなく分譲マンションが増加し、終の住みかとして都市住宅の主役となっていった。その質はワンルームから超高層億ションまでさまざまである。一方で、周囲の低層住宅地に日照やプライバシーなどのマンション問題も引き起こした。
マンションには管理やコミュニティ形成など集住文化の成熟が求められているが、その後、こうしたnLDK一辺倒の画一的で近所づきあいの乏しい分譲マンションにあきたらない人びとは、各地で居住者主導のすまいづくりとしてコーポラティブ住宅に取り組み、個性的で豊かな集住コミュニティを実現している。

1：京都市上加茂の民間マンション
昭和50年
2：東京都世田谷区・松原古河
マンションのスケッチ　西山画
3, 4：京都市洛西ニュータウンの
コーポラティブマンション
ユーコート　昭和61年

# ■高層住宅　昭和34·61年

1

2

3

4

5

建築技術の発展は高層化を可能にしたが、現在のヨーロッパでは家族向け住宅にはふさわしくないとされており、高層住宅はアジア的特徴となっている。今では大都市の都心居住の器として超高層のタワーマンションが急増している。
西山は孫を高層アパートからの転落事故で亡くし、身をもってその問題を知ることになった。

1, 2, 3：東京都中央区晴海高層住宅
日本で最初の本格的高層住宅　昭和34年
4, 5：東京都板橋区　高島平高層団地　昭和61年

# ■プレハブ住宅　昭和32·35年

戦後、住宅不足解消のための大量建設技術として工業化住宅＝プレハブ住宅が開発されたが、その後は規格化、大量生産よりも、大ハウスメーカーによる商品化住宅の典型として発展をとげ、自由設計による多様な間取りとデザイン、毎年の新製品発表によるモデルチェンジ、テレビCMと住宅展示場による販売など住宅産業において日本独特の一分野を確立している。

1

2

3

4

1：東京都　住宅公団の工業化実験住宅　昭和32年
2, 3：大阪市　プレハブ住宅の見本市　昭和35年
4：初期のプレハブ住宅　西山画

# ■ドヤ　昭和42年

1

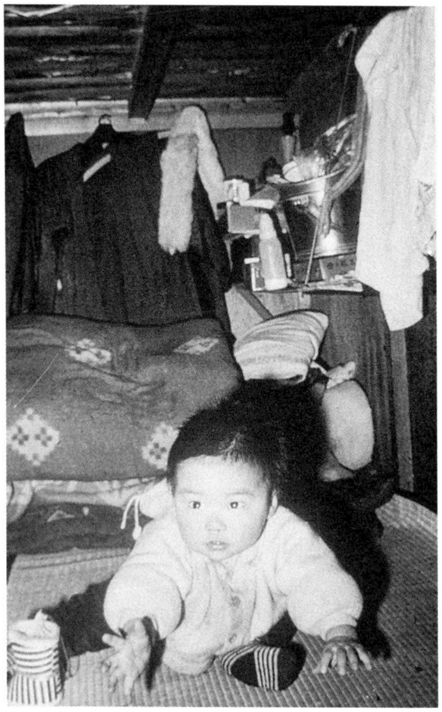
2

3

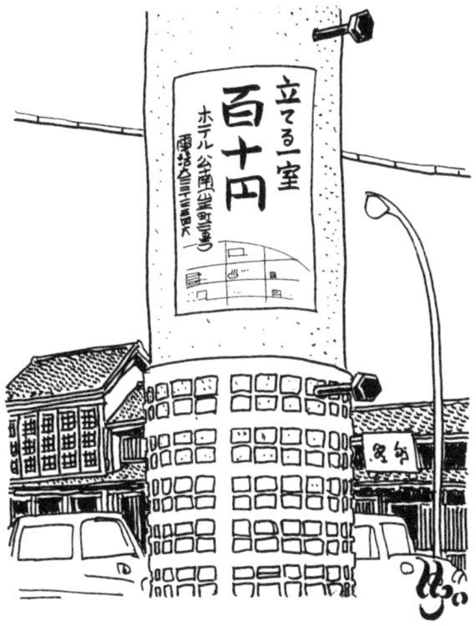

4

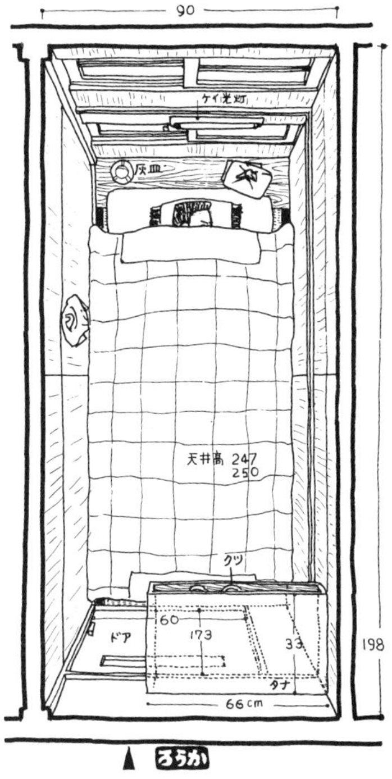

5

ドヤとは、ヤドを逆さにしたスラングである。高度経済成長を底辺で支えた日雇い労働者は東京の山谷、大阪の釜ヶ崎などの「寄せ場」に集まり、その日の仕事にありつけるとこのような簡易宿泊所に泊まる。仕事にあぶれたら路上で寝るしかない。
息のつまるような狭い空間でエアコンもなく、夏の暑い夜には暴動となることもあった。その後しだいに個室化が進み、4の電柱広告にある「立てる一室」とは、天井高が身長より高いことを売りにしている。

1, 2, 3：大阪市西成区釜ヶ崎のドヤ　昭和42年
4, 5：釜ヶ崎のドヤ　西山画

# ■番屋・飯場 昭和30・44年

1

2

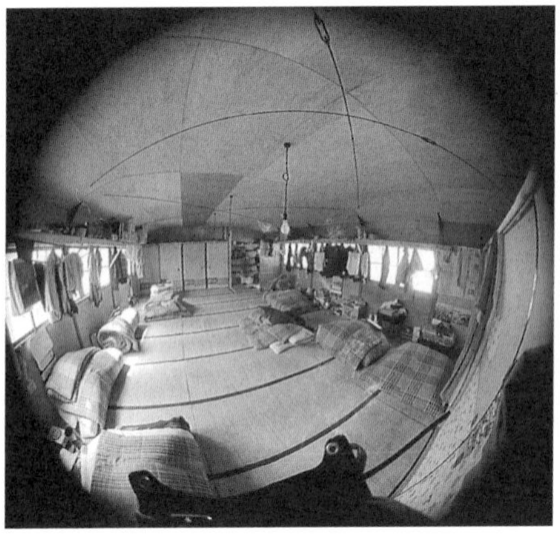

3

4

5

これらは出稼ぎと呼ばれる季節労働者のすまいである。

番屋は北海道のニシン漁など短期間の漁期だけのすまい。飯場は、現金収入を得るために農閑期に農村から都市の工事現場などに出稼ぎに来た季節労働者のためのすまいである。

一時的なこととはいえ、少しでも多くの現金を故郷に持ち帰るために危険で過酷な労働と切り詰めた生活に耐えなければならなかった。労働災害も多く、故郷に帰ることのできなかった人も少なくなかった。

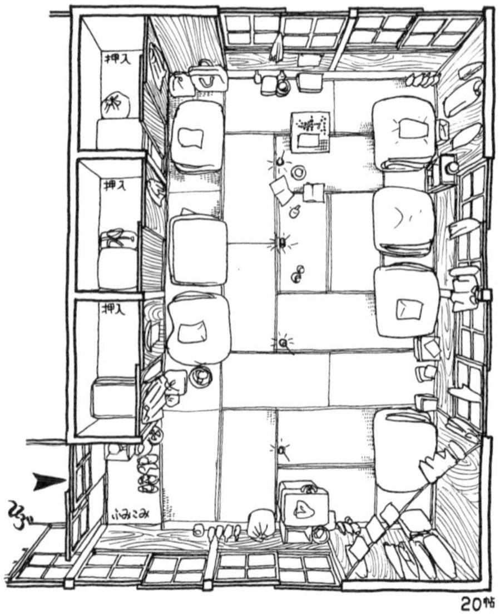


6

1, 2：北海道の番屋　昭和30年
3, 4, 5：大阪府堺市　大手建設会社の飯場　昭和44年
6：飯場の室内　西山画

# ■学生のすまい　昭和43·50年

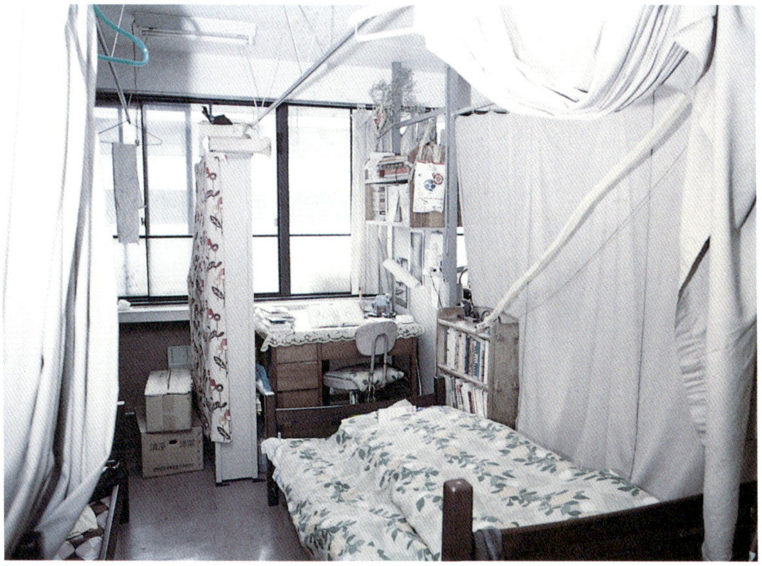

1

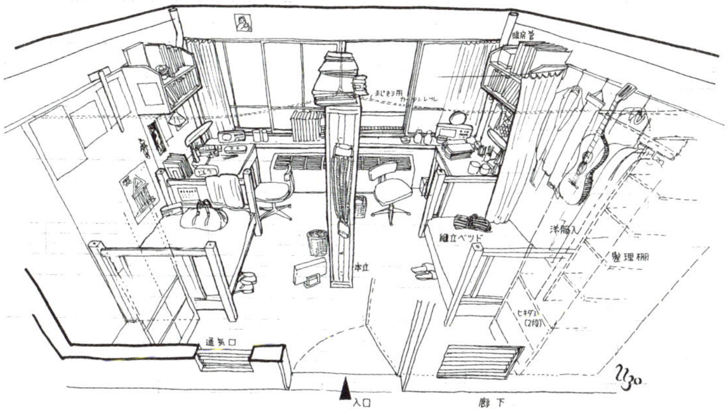


2

3

4

5

いずれも京都大学建築学科の学生の寮や下宿アパートである。トイレ、炊事、洗面、風呂は共用。寮は４人部屋。当時はまだワンルーム式の学生アパートはなかった。パソコンはもちろん、テレビも冷蔵庫もエアコンもなかった。本とトランジスタラジオとギターが学生たちの三種の神器であった。

1：京都大学学生寮　昭和43年
2：京都大学学生寮の室内　西山画
3, 4, 5：京都市　学生下宿アパート　昭和50年

## ■高度成長期の子どもたち

46

# ■農村住宅その後　昭和45〜50年

1

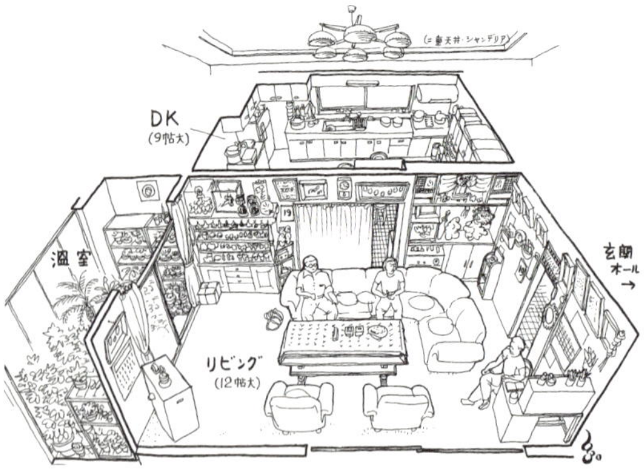



2

3

4

高度成長期を通じて農家は激減していき、残った農家の多くは兼業化して収入の多くを農業以外にたよるようになった。
一部の農家は合理的な近代化としての農家改善の枠を超えて「入母屋御殿」化していった。

1, 3, 4：北海道帯広市農家住宅　昭和45年
2：北海道帯広市農家住宅室内　西山画

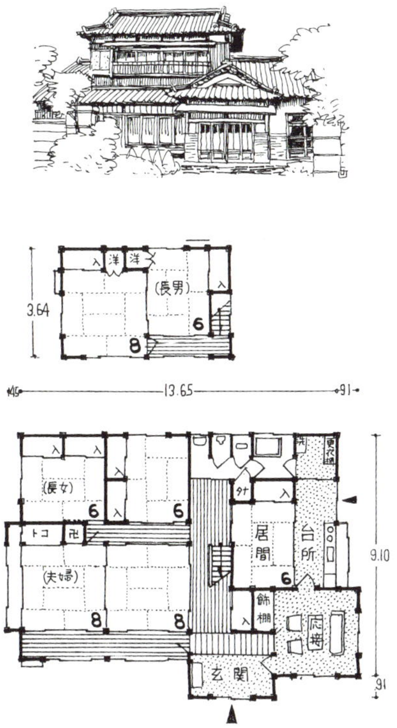

5

5の浦和の改善農家住宅は典型的な入母屋御殿であり、昔ながらの田の字型プランをベースに中廊下を設けて居間や個室などの公私室型プランを導入している。もはや営農空間は住宅から排除されているが、台所の勝手口や土間の応接室が、農家としての特徴を残している。

6

7

8

八郎潟干拓村は、都市のニュータウンに匹敵する計画的農村計画として日本一の農村づくりをめざし、住宅についても耐寒性にすぐれた洋風農家を建設した。しかし合理的なプランも、座敷や縁側のある暮らしに慣れた農民には不評であった。
そして何よりも、食料増産から減反へと農業政策が変化したことから、村づくりは当初の意味を失っていった。

5：埼玉県浦和の改善農家住宅　昭和47年　西山画
6：鳥取県船岡町の入母屋御殿　昭和50年
7：秋田県八郎潟干拓村　昭和48年
8：八郎潟干拓村の農家住宅　西山画

# ■市電のある京都の街並み　昭和50・51年

1

2

3

4

5

6

1, 2, 3, 4, 5：京都市　昭和50年　　6：京都市電外周線最後の日　昭和51年

1

2

*1*：京都大丸で五大学建築展　昭和６年
西山たちの学生研究グループ＝DEZAMなどの研究展示。多くの市民が訪れた。

*2*：京都帝国大学建築学教室製図室　昭和７年頃

3

4

*3*：西山入営　昭和９年
西山も招集され兵隊となったが、後年まで悪夢に苦しむ体験であった。（下段左２人目が西山）

*4*：京都非戦災感謝塔　昭和24年　京都駅前
京都は一部を除いて空襲被害を受けなかったことを米軍の配慮によるものとして感謝した。

5

6

*5*：北陸の板葺き石置き屋根の集落
昭和25年

*6*：京都町家の西陣織工場　昭和25年

*7*

*8*

*7*：奈良県奈良街道の宿屋
昭和14年

*8*：北海道釧路の遊郭建築
昭和25年
いずれも、贅（ぜい）をこらしたというか、奇妙な建築である。

*9*

*10*

*9*：北海道苫小牧製紙社宅
昭和25年
8月なのにすでに山のように薪が準備されている。

*10*：兵庫県赤穂市　入浜式塩田　昭和26年
炎天下の最も過酷な労働の一つであった。

*11*

*12*

*11*：日本建築学会研究発表会
昭和26年
黒板に立てかけられる取手つき手書きポスターによる発表。満席で活気が感じられる。

*12*：高知県伊野市農家
昭和27年
高下駄・糸繰り車・番傘

*13*

*14*

*13*：京都大学学生デモ
昭和26年
学生服に学生帽

*14*：京都府丹後半島
間人（たいざ）の舟屋
昭和26年

*15*

*16*

*15*：京都鴨川の友禅流し
昭和27年
水汚染防止のため今では
禁止されている。

*16*：高知県土居村　四連水車
昭和27年

*17*

*18*

*17*：岡山県建部村農家
昭和27年
良い肥やしとするた
め南正面に便所。

*18*：北海道炭鉱住宅
昭和28年
積雪を考えて薪は高
い所に用意する。

19

20

*19*：岡山県建部村
ネコ車、縁の下は
ニワトリ小屋。
昭和27年

*20*：和歌山県新宮市の
災害復旧工事
昭和27年
モッコをかついで
働くのは女性。

21

22

*21*：北海道炭鉱住宅
昭和28年
こんなにたくさんの
鍋が必要なのか？

*22*：北海道　馬そり
昭和30年頃

23

24

*23*：兵庫県城崎から玄武洞への
渡し舟　昭和30年頃

*24*：テラスハウス引越し
場所不明　昭和30年頃
ダンボールがないので荷造
りも大変。

25

26

*25*：岩手県盛岡
昭和32年
田植えの準備のため、馬による代（しろ）かき。

*26*：秋田市　田植え
昭和30年頃
田植え機はない。普通は後退植えだが、ここでは前進植え。

27

28

*27*：秋田市　田植え　昭和30年頃
苗を田んぼまで運ぶしょいこ。

*28*：新潟県高田市の雁木の薪炭店　昭和32年
炭は炭俵で、配達は自転車リヤカーで。

29

30

*29*：鹿児島市ヨイトマケ
昭和31年
美輪明宏の「ヨイトマケの唄」で歌われている基礎の杭打ち作業。つらい単純肉体労働は女性によっていた。

*30*：京都市左京区一乗寺の最小住宅　昭和32年
４坪しかない戸建て住宅。

*31*

*32*

*31*：京都祇園祭鉾巡行　昭和31年
沿道に高いビルがないので、鉾（ほこ）が青空に一際高く見える。

*32*：愛媛県宇和島の町家のパチンコ店　昭和33年
パチンコは戦前からあるが、戦後に巨大娯楽産業となった。自転車にエンジンを取り付けた原付自転車が何台か見える。

*33*

*34*

*33*：岡山県山村の行商　昭和35年

*34*：京都計画模型　昭和39年
京都大学西山研究室で構想した京都の未来計画。高層のイエポリスのアイデアは評価が分かれる。

*35*

*36*

*35*：京都の友人邸での宴会
昭和40年頃
火鉢が五つも必要だった。

*36*：兵庫県尼崎市汲取り車
昭和37年頃
都市でも水洗便所の普及は遅れていた。バキューム車もないため、肥桶を天秤棒でタンク車まで運ぶ。

37

38

*37*：京都駅前京都タワー工事　昭和39年
西山が建設反対の論陣を張り、その後の京都景観論争の最初のきっかけとなった。

*38*：ニュータウンの行商　昭和40年頃
団地施設が整うまでは、これで。「団地族」の奥様もゲタ履き。

39

40

*39*：滋賀県大津市の拘置所
昭和41年

*40*：大阪万博開会式
昭和45年
西山も計画に関わった万国博覧会は高度経済成長の象徴的イベントだった。

41

42

*41*：奈良市東大寺の
昭和の大修理　昭和50年
ここでも大変な高さの足場の上である。

*42*：京都大学バリケード
昭和50年頃
大学紛争は終わったがその余波で惰性的に続けていたストライキのバリケード。

43

43：西山夘三の自宅仕事場　昭和53年
西山は京都大学退官後、晩年の20年間は無官に徹し、洛北の疎水端の自宅で著作と市民運動に没頭した。課題ごとに集めた資料を広げておく仕事場が自宅のあちこちに作られた。パソコンはもちろん、コピーやファックスもなく、最晩年にやっとワープロを使った程度であった。
住宅学者西山のすまいは、理想のすまいとはほど遠く、膨大な資料で埋もれていた。

# ◆「西山夘三写真アーカイブズ」の生まれるまで

西山夘三の残した資料は研究資料、著作、研究ノート・日記、スケッチ、写真・フィルムなど多岐にわたり、かつ膨大な量にのぼるが、文庫会員の長期の献身的な作業によって整理され、文庫で公開、活用されている。
ところで、西山はマニアの域をこえた写真家でもあった。生涯にわたって日本中のすまいやまちを撮り続けていた。

## 西山夘三と写真

西山は生涯で約30万コマ（推測）の写真を残した。最初にカメラを手にしたのは24歳のとき（それ以前は不明）だから、およそ１年平均4,000コマ、毎日10コマの写真をとっていたことになる。目に映るすべてを写真に残したといっても過言ではない。そのうちの数パーセントの14,460コマはデジタルデータベース化し、西山夘三写真アーカイブズとして公開し、全国の研究者やマスコミに活用されている。

## 最初の１コマ

西山の最初の１コマは、昭和10年９月頃、京都帝国大学建築学教室の屋上から北白川を望んだものである。同じフィルムにはその他に、図書室の資料を複写したものと、京都河原町三条にあった朝日ビルから東山方面を望んだものがある。後年、京都の景観破壊に反対して西山が描いた絵にはこの写真と同じアングルのものがあるが、この写真を意識したものかどうかは分からない。
その後も大阪の朝日ビルや産業奨励館、大丸など、高いビルの屋上から町並みを俯瞰する写真を続けて撮影している。西山が最初に撮りたかった映像が大伽藍（がらん）でも有名建築でもなく、いらかの波の続く都市の風景であったことは、その後の西山の展開をみると象徴的である。その後の１年間に、京都の町家、大阪や名古屋の不良住宅地区、東海道鈴鹿越えの街道筋など、初期の住宅研究にかかわる写真などが続いている。

## 最初のカメラ

西山が最初に手にしたカメラは、コンタックスというドイツ製の超高級カメラで、当時、入営を終えて京都帝国大学大学院に入学したばかりの西山夘三に手の届くものではなく、父親にねだって買ってもらったものである。実は、その年の11月に妹さんの婚礼があり、そのカメラマンとして期待されたらしい。豪華な嫁入り道具の数々や婚礼の記念写真が残っている。この嫁入り道具の豪華さを見ると、中小企業とはいえ当時拡張を続けていた西山鉄工所の経営者としての西山家の財力が相当なものだったことが分かる。
西山夘三は三男であるため、鉄工所経営とは関係のない建築に進めた（世間では建築家は大工の親玉程度にしか認識されていなかったらしく、当時の建築家には丹下健三など三男が多い）が、それなりの援助は受けていたようである。

## 初期の写真技術

当時は一般家庭にはカメラはなかった。庶民は、生涯に数枚の写真を写真屋に撮ってもらうのがせいぜいであった。フィルム（当然モノクロ）も長尺ロールを買ってきて、暗室で自分でカットしてパトローネに詰めて使った。フォーカスはもちろん、絞りもシャッター速度もカンで操作するしかなかった。ストロボもなく、暗い町家の内部などは長時間露出するしかなかった。現像ももちろん自分でする。現像液も自分で調合する。したがって、撮影や現像、焼付けに失敗することも少なくなく、試行錯誤で腕を磨くしかなかった。写真のシャッターを切ることはとても貴重な緊張感をともなうものであったのである（今日のデジカメやカメラつき携帯と比べると隔世の感がある)。
今日でも十分迫力のある写真が多く、アングルやシャッターチャンスなど、西山の写真術は芸術写真とは別の意味で相当なものと考えることができる。西山自身も、写真には莫大な時間を費やしたと述懐している。

### カメラマニア＝記録魔

このように、当時は素人が写真を撮ることはカメラマニアになるしかなかったのである。西山も当然カメラマニアであったが、いわゆる芸術写真ではなく、日本のすまいとまちを見つめる目としての写真、研究のツールとしてのカメラと考えていた。
いや、写真だけではなく、西山は自分とそれを取り巻くすべてのものを、生涯にわたって記録し続けてきた希代の記録魔であった。とにかく、ありとあらゆるものは記録し、残す。出張時の切符から旅館の箸袋、給与袋、新聞切り抜き、そして、何種類もの日記……すべてが残された。西山文庫はその結果生まれたのである。写真もその記録を残すツールの一つであった。
一つだけ例をあげると、西山の残した写真の中には多くの自画像がある。カメラを手に入れた直後から、ことあるごとにセルフポートレートを撮っている。当時はセルフタイマーがなかったので鏡を用いている。お世辞にもハンサムボーイとは言えない西山がたくさんの自画像を残していることは、自意識過剰と揶揄されるかもしれない。しかし、おそらく西山としてはこれも残すべき記録の一つにすぎなかったのであろう。日記やその他の記録と同様、昭和に生きた建築学者の記録を残すことは、西山にとっては当然のことであったのであろう。

### 写真整理

膨大な写真のうち、ごく一部はプリントをアルバムに貼ってコメントを添えたものもあるが、大部分はネガフィルムやスライドの形で整理されている。ほとんどは35mm版であるが、ごく一部にハーフサイズや大判のものもある。もちろんデジカメは全く使われていないし、スキャンされたデジタル画像もない。
主な保存形態は次の４つである。
①ロールネガ　初期のものはすべてこの形であり、すべてモノクロである。数十コマが１ロールとして続き番号がふられ、番号ごとに撮影年月、撮影場所・対象などがノートに記録されている。
②ロール複写ネガ　初期のものだけ。主に建築学教室図書館の世界の建築や日本の絵巻物や海外文献などの資料を複写したもの。もちろん、当時はコピー機がなかったからである。複写用の特殊なフィルムを用いている（文庫では、これらはオリジナルでないので採用していない)。
③スリーブネガ　主に戦後のもので、現在のものと同じ６枚ずつのスリーブネガで、モノクロとカラーと両方がある。これらは通し番号をつけ、モノクロとカラーに分けたノートに撮影年月、撮影場所・対象などが記録されている。しかし、しだいに撮影枚数が増えてくると整理が追いついていない。
④スライド　マウントに入れ、箱やスライドファイルにまとめてある。スライドはオリジナルと焼き増ししたものと両方ある。また、講演などで利用するたびにあちこちから抜き出して使うため混乱している。また、保存状態が悪くカビ等によってダメになったものもある。

西山はフィルム１本ごとにノートに撮影記録を克明につけている。いや、つけようとしている。しかし、整理が追いつかず、空欄や誤記もある。スライドなどは一部散逸している（文庫のアーカイブズでは、これらの記録をベースに撮影時期、撮影場所、撮影対象のデータをコマごとに整理している。不明のものについてもできる限りデータの復原を試みているが、まだデータ不明のものもある)。

### 撮影されたもの

撮影された写真には、次のようなものがある。自画像、家族とその生活記録、自宅の記録、友人、職場、団体の記録、家族旅行、観光旅行、資料複写、全国調査旅行（これが大部分)、住宅、都市、民家、暮らし、子ども、(有名建築作品の写真はほとんどない)、海外旅行（少ない)、京都定点観測、近所の住宅の工事一部始終など。

## 写真を使わなかった西山夘三

驚くべきことに、これほど写真にカネとテマとヒマをかけたにもかかわらず、西山の数多い著作にはほとんど写真が使われていない。常識的にみて最も写真を活用すべき大著「日本のすまい」でも一枚も使われていない。すべて手書きの図やスケッチが使われている。これは西山夘三七不思議の一つであり、西山が尋常の学者でなかった証左でもある。

西山はカメラマニアである以上に、画集を出版したり個展を開く画家でもあり、少年時代からマンガ少年であった。実は大学で建築に進んだのも、絵を描くのが得意という以外にはさしたる理由もなかったのである（それが３年後の卒業時には驚くべきレベルと量の論文と設計を仕上げるのだから恐ろしい）。

西山は、常にカメラとともにスケッチブック（なければノートでもチラシの裏でも）とペンを離さなかった。シャッターを押せばおしまい、ではなく、写真、スケッチ、メモ、脳裏のイメージを総動員してもう一度反芻し、図やスケッチに描きなおすことによって、そのものの本質に迫ろうとしたのではないか？

それでも、生涯をかけてもこなしきれない仕事を自らに課して（大作「日本のすまい」でさえ、西山にとっては時間切れの未完であった）、まだまだやりたいことが列をなして待っていたことを思えば、このあたりのところは妥協して写真を貼り付けてすますこともできたはずである。

西山にとっては、さまざまな素材を動員して本質に迫り、イメージを作り上げ、それを図やスケッチに描きなおすことこそが至福の喜びだったのではないか？　ワクワクしながらペンを走らせていたマンガ少年夘三と同じ夘三が、そこにいたのではないか？　その至上の楽しみを写真なんかに奪われてたまるものか、何度も下書きを繰り返して完成されたスケッチを見ると、きっとそうに違いないと思えてくる。

## 西山夘三にとっての写真、私たちにとっての写真

西山夘三写真アーカイブズを見ると、その圧倒的な迫力に感動してしまう。しかし、西山にとってはそれは自分の脳裏の外部メモリの一つにすぎなかった。彼の脳裏のイメージは、はるかにそれを超えたところにあった。

とはいえ、それは写真アーカイブズの価値を下げるものではない。西山が本質を見出すためにそぎ落としたものが写真には残されている。それはその時のその場所の空気のようなものである。例えば戦前の町並みの写真には目薬の広告がやたらと目に付く。それはその時代を生きた西山にとってはそぎ落としてもよいあたりまえのことであっても、今日の目から見るとそのことは、当時は舗装されていなくて砂ぼこりが多く、衛生状態も悪いためトラコーマなどの眼病が多かったことを物語ってくれる。

西山夘三写真アーカイブズは、私たちや私たちの後からくる者にとっては、西山夘三の意図を超えてますます重要な価値をもってきている。その映像の実体の多くはすでに失われており、その時代の空気はもはや復原できないものである。

「そういうこともあるかもしれんな。だからすべてを残したんだ。これは私が使うためだけのものではないのだから。役に立てるかどうかは君たちにかかっている」と西山は言うのだろうか？

世紀も変わり、昭和も80年を超え、また西山夘三没後10年を超えた今、本書の写真とスケッチなどの映像によって広く深い西山ワールドに触れていただき、単に昭和をふり返るだけでなく、これからの日本のすまいとまちを見はるかす機会としていただければ幸いである。

# ◆西山夘三　年譜

| | | 社会のうごき | |
|---|---|---|---|
| 明治44年 | 大阪市此花区西九条で西山鉄工所の三男として生まれる | | |
| | | 大正３年 | 第一次世界大戦始まる |
| | | 大正６年 | ロシア革命 |
| 昭和２年 | 大阪府立豊中中学校卒業、第三高等学校入学 | 大正12年 | 関東大震災 |
| 昭和５年 | 京都帝国大学工学部建築学科入学 | 昭和４年 | 世界大恐慌 |
| | 同級生らでdezamを結成し研究活動 | | |
| 昭和８年 | 京都帝国大学卒業、石本建築事務所勤務 | 昭和８年 | CIAMアテネ憲章 |
| 昭和９年 | 大阪歩兵第八連隊入営 | | |
| 昭和10年 | 満期除隊し、京都帝国大学大学院入学 | | |
| 昭和12年 | 日中戦争に召集され、東京陸軍火工廠に技術将校として勤務 | 昭和12年 | 日中戦争始まる |
| 昭和13年 | 宇治火薬製造所勤務 | | |
| 昭和15年 | 結婚、応召解除 | | |
| 昭和16年 | 京都帝国大学工学部非常勤講師をへて、住宅営団研究部技師 | 昭和16年 | 日米開戦 |
| 昭和18年 | 「庶民住宅の研究」で日本建築学会賞受賞 | | |
| 昭和19年 | 住宅営団退職、京都帝国大学講師 | 昭和20年 | 日本敗戦 |
| 昭和21年 | 京都帝国大学助教授 | | |
| 昭和22年 | 庶民住宅の研究で工学博士学位授与。NAU結成に参加 | 昭和22年 | 日本国憲法公布 |
| 昭和23年 | 京都大学教職員組合初代委員長 | 昭和25年 | 朝鮮戦争勃発 |
| 昭和28年 | 京都大学「西山研究室」発足 | 昭和26年 | 公営住宅法 |
| 昭和33年 | 千里ニュータウン計画を住宅公団より受託 | 昭和30年 | 住宅公団法 |
| 昭和34年 | 日本建築学会副会長 | 昭和33年 | 千里ニュータウン着工 |
| 昭和35年 | 日本学術会議会員（以後延べ６期） | 昭和35年 | 所得倍増計画 |
| 昭和36年 | 京都大学工学部建築学科教授 | | |
| 昭和38年 | 京都タワー計画反対の論陣。京都計画発表 | | |
| 昭和40年 | 大阪万国博覧会会場計画委員 | | |
| 昭和41年 | 『住み方の記』で日本エッセイストクラブ賞受賞 | 昭和43年 | 都市計画法（新法） |
| 昭和45年 | 新建築家技術者集団結成に参加、代表幹事 | 昭和45年 | 大阪万国博覧会 |
| | 「京都の市電を守る会」結成に参加 | 昭和47年 | 日本列島改造論 |
| 昭和49年 | 京都大学退官、名誉教授 | 昭和48年 | オイルショック |
| 昭和57年 | 日本住宅会議結成に参画、代表委員 | | |
| 昭和58年 | 勲二等瑞宝章叙勲 | 昭和60年 | バブル経済・地価高騰始まる |
| 昭和61年 | 日本建築学会大賞受賞 | 昭和62年 | リゾートブーム |
| 平成２年 | ストップザ京都破壊まちづくり市民連絡会議代表 | 平成３年 | バブル崩壊 |
| 平成６年 | ４月２日死去、享年83歳 | | |
| | | 平成７年 | 阪神淡路大震災 |

# ◆西山夘三の主な著作

『住宅計画の科学的考察』　京都帝国大学卒業論文　昭和８年
『住宅問題』　相模書房　昭和17年
『国民住居論攷』　伊藤書店　昭和19年
『庶民住宅の研究』　京都帝国大学博士学位請求論文　昭和19年　（学位は昭和22年に授与）
『新日本の住宅建設』、「新建築」復刊１号に全誌独占発表　昭和21年
『新しき国土建設』、「新建築」復刊３・４合併号に全誌独占発表　昭和21年
『これからのすまい——住様式の話』　相模書房　昭和22年
『建築史ノート』　相模書房　昭和23年
『明日の住居』　高桐書院　昭和24年
『日本の住宅問題』　岩波書店　昭和27年
『現代の建築』　岩波書店　昭和31年
『住み方の記』　文芸春秋社　昭和40年　日本エッセイストクラブ賞
『西山夘三著作集　１住宅計画　２住居論　３地域空間論　４建築論』　勁草書房　昭和42～44年
『21世紀の設計　１人間と生活　２空間と環境　３技術と社会　４国土の構想』（編著）　勁草書房　昭和46～47年
『現代日本の都市問題』（編著）　汐文社　昭和46年
『すまいの思想』　創元社　昭和49年
『町づくりの思想』　創元社　昭和50年
『日本のすまい　１・２・３』　勁草書房　昭和50～55年
漫画小説『あゝ楼台の花に酔う』　彰国社　昭和57年
『建築学入門——生活空間の探求（上）、戦争と住宅——生活空間の探求（下）』　勁草書房　昭和58年
『すまい考今学——現代日本住宅史』　彰国社　昭和64年
『まちづくりの構想』　都市文化社　平成２年
『歴史的景観とまちづくり』　都市文化社　平成２年
『滋賀の民家』　かもがわ出版　平成３年
『大正の中学生』　彰国社　平成４年
『京都の景観——私の遺言』　かもがわ出版　平成６年
『安治川物語——鉄工職人夘之助と明治の大阪』（遺稿出版）　日本経済評論社　平成９年

*Nishiyama Uzo*

## 編集後記

西山夘三の残した映像資料を整理しているとその面白さに時を忘れてしまうことがある。せっかく整理したのだから西山先生に見てもらいたいが、それはかなわぬことである。しかし、この広く、深く、面白い西山ワールドをぜひ多くの人に見ていただきたいと強く思うようになった。

今回は、日本の昭和のすまいとまちをできるだけリアルに描こうと試みてみた。こうして見ると昭和という時代が日本史上でもまれに見る激動の変化の時代であったことにあらためて思い知らされる。そして昭和の日本人が時代と悪戦苦闘しながら懸命に生きてきたことが見て取れる。それは若き日のあなた自身かもしれない。

ぜひ、一枚一枚の映像をじっくり味わっていただきたい。中心部に大きく映っているものだけでなく、隅の方にちらっと見えるものの中にもその時代の本質に触れるものもあるからである。

この時代のすべてを、あるいはその一部を同時代として生きてきた方には格別の思いが沸くことだろう。そして、この時代を知らない若い方には、今の時代を作り上げてきた直前の時代を垣間見る貴重な機会になるだろう。もし、そうであれば編集者としての苦労は十分報われたことになる。

なお、撮影データには正確を期したつもりではあるが、間違いがあるかもしれない。お気づきの点があればお知らせいただきたい。また、これは私のうちです、このうちは今も健在です、ここは○○になってしまいました、など情報を寄せていただければ、さらにありがたい。

最後に、本書編集中に、筆者の先輩であり、近畿大学教授および西山文庫理事長であった安藤元夫さんが病に倒れ急逝された。安藤さんにはアーカイブズの作成段階から常に叱咤激励をいただいていただけに、とくに感謝を述べたい。

編集代表　兵庫県立大学教授・NPO 西山文庫運営委員長　松本　滋

## NPO 西山《にしやま》夘《う》三《ぞう》記《き》念《ねん》すまい・まちづくり文《ぶん》庫《こ》（「西山文庫」）

西山夘三は、昭和のすまい・まちづくりの膨大な資料を残した。それはかけがえのない学術的・歴史的資料であるだけでなく、現代に生かすべき価値を含んでいる。

西山夘三の死後、多くの有志によってその資料保存、整理に取り組み、平成7年（1995年）「西山文庫」が設立され、資料の研究と活用が開始された。

「西山文庫」は、単に西山夘三の残した過去の資料を保存して公開するだけでなく、それをベースに現代、そして未来のすまい・まちづくりの研究活動をすすめる生きたミュージアムでもある。

ぜひ文庫や文庫のホームページをのぞいていただきたいし、会員として参加していただきたい。

〒619-0224　京都府木津川市兜台6-6-4　積水ハウス総合住宅研究所内
ホームページ　http://www.n-bunko.org/
E-mail　npo@n-bunko.org

**昭和《しょうわ》の日本《にほん》のすまい**
—— 西山夘三写真アーカイブズから

2007年8月10日　第1版第1刷発行
2017年5月20日　第1版第2刷発行

編　集 —— NPO法人 西山夘三記念すまい・まちづくり文庫
編集代表　松本　滋

発行者 —— 矢部敬一

発行所 —— 株式会社 創元社
〒541-0047 大阪市中央区淡路町4-3-6
電話 06-6231-9010㈹　Fax. 06-6233-3111
東京支店
〒162-0825 東京都新宿区神楽坂4-3 煉瓦塔ビル
電話 03-3269-1051㈹
URL http://www.sogensha.co.jp/

印刷所 —— 図書印刷株式会社


ISBN978-4-422-50118-5 C1052